MAGI MED ENKLA UTOMHUSFEST

Skapa minnesvärda ögonblick med 100 lättsamma recept och skönheten med uteservering

Louise Hermansson

Copyright Material ©2024

Alla rättigheter förbehållna

Ingen del av denna bok får användas eller överföras i någon form eller på något sätt utan korrekt skriftligt medgivande från utgivaren och upphovsrättsinnehavaren, förutom korta citat som används i en recension . Den här boken bör inte betraktas som en ersättning för medicinsk, juridisk eller annan professionell rådgivning.

INNEHÅLLSFÖRTECKNING

INNEHÅLLSFÖRTECKNING **3**
INTRODUKTION **6**
FRUKOST **7**
   1. Havregrynsgröt Och Russin Scones 8
   2. Blåbär Skillet Scones Med Citronglasyr 10
   3. Salta Havregrynsgröt Med Shiitake Och Spenat 12
   4. Salta Pannkakor Med Salladslök, Svamp Och Getost 14
   5. Kärnmjölkspannkakor Med Lönn, Mascarpone Och Bär 16
   6. Grillad Fransk Toast Och Baconbett 18
   7. Sötpotatis, äpple och Pancetta Hash 20
   8. Utomhus Chai 22
FÖRRÄTT & SNACK **24**
   9. Kyckling satayspett 25
   10. Veganska korvrullar 27
   11. Chuckwagon Kabobs 29
   12. Lax-, bönor- och ärtfiskkakabett 31
   13. Grillad majs med söt chili-sojaglasyr 33
   14. Majskolv 35
   15. Mini Sliders 37
   16. Mini pizzor 39
   17. Nachos 41
   18. Popcorn Bar 43
   19. Kokosräkor 45
   20. Mango avokado sallad 47
   21. Grillade tropiska kycklingspett 49
   22. Grillade Ananas Och Räkspett 51
   23. Capresespett 53
   24. BBQ Chicken Sliders 55
   25. Miniatyrtarteletter Med Tranbär Och Brie 57
   26. Räkcocktail med en saftig cocktailsås 59
SMÖRGÅR & WRAPS **61**
   27. Kröning Kycklingsmörgåsar 62
   28. Italienska hamburgare med basilika senap och giardiniera 64
   29. Spikummin-Crusted Kyckling Tacos Med Rökig Salsa Verde 66
   30. Cederplankad varm skinka och brie smälter 69
   31. Hummus Och Rödbetor Salsa Wraps 71
GRILLAT ELNET **73**
   32. Planked Köttbullar Med Marinara Sås 74
   33. Grillade räkor 77
   34. Plankad hälleflundra med apelsin-miso glasyr 79
   35. BBQ revben 81

36. Baconlindad köttfärslimpa på en planka ... 83
37. Persika och Prosciutto Planked Pizza ... 86
38. Grillade Hummersvansar med Lemony Örtsmör ... 89
39. Laddade Nachos på Grillen ... 92

ÖVRIGT ... 94
40. Vitlökig lax ... 95
41. Rökt korv, snapsbönor och potatis ... 97
42. Brynta Rib-Eye biffar med örtbrädesås ... 99
43. Örtstekt kalkon med tranbärssås ... 102
44. Honungsglaserad skinka med ananaskompott ... 104

TRÄDGÅRDSFÄRSKA SALADER ... 106
45. Grillad Panzanella ... 107
46. Rostad kikärts- och granatäpplerissallad ... 110
47. Medelhavsquinoasallad ... 112
48. Persika och Burrata sallad ... 114
49. Vattenmelon, fetaost och mynta sallad ... 116

AL FRESCO SIDOR ... 118
50. Tofu i kinesisk stil i salladswraps ... 119
51. Inlagda Jalapeños ... 121
52. Sötpotatis med Sriracha -Maple Glaze ... 123
53. Vitlökssmör Gnocchi och Svamp ... 125
54. Cedar-Planked Fyllda tomater ... 127

SÖTA GOTT ... 129
55. Grillade Päron med Kanel Crème Fraîche ... 130
56. Frozen Yoghurt Berry Popsicles ... 132
57. Söta karamelliserade fikon och persikor ... 134
58. Planked Päron med Gorgonzola och Honung ... 136
59. Småkakor ... 138
60. Glassglass ... 140
61. Ananas upp och ner tårta ... 142
62. Kokosmakron ... 144
63. Choklad chiffong tårta ... 146
64. Klassisk pumpapaj ... 149
65. Pepparkakor ... 151
66. Födelsedagstårta ... 154

CHARCUTERI RECEPT ... 157
67. Klassisk charkbräda ... 158
68. Medelhavsmezze tallrik ... 160
69. Italiensk Antipasto tallrik ... 162
70. Asiatiskt inspirerad charkfat ... 164
71. Franskinspirerade charkuterier ... 166

SÅSER, DIPS OCH DRESSINGAR ... 168
72. Hot Pepper Jelly ... 169

73. Hemlagad basilika-valnötspesto 171
74. Klassisk hummus 173
75. Avokado Cilantro Lime Dressing 175
76. Tzatziki sås 177
77. Rostad Röd Peppar Och Valnötsdopp 179
78. s'Mores Dip 181

FÖRFRYSKNINGAR & KYLAR 183
79. Whisky-Spiked Sweet Tea 184
80. Mimosa Sangria 186
81. Utomhus Margarita 188
82. Paloma 190
83. Födelsedagshake 192
84. Honey Bourbon Lemonad 194
85. Vinter Candy Cane Martini 196
86. Citrus Och Lönn Glögg 198
87. Rubinröd Grapefrukt Shandy 200
88. Summer Ale Sangria Med Ingefära Och Persika 202
89. Vanilj Och Bourbon Glögg Cider 204
90. Margarita 206
91. Mojito 208
92. Kosmopolitisk 210
93. Negroni 212
94. Moscow Mule 214
95. Franska 75 216
96. Espresso Martini 218
97. Blå Martini 220
98. Frukt Smoothies 222
99. Virgin Piña Colada 224
100. Fruktinfunderat vatten 226

SLUTSATS 228

INTRODUKTION

Välkommen till "MAGI MED ENKLA UTOMHUSFEST", där vi firar glädjen med att äta utomhus med 100 lättsamma recept utformade för att skapa minnesvärda stunder under bar himmel. Oavsett om du är på picknick i parken, är värd för en grill på bakgården eller njuter av en middag i solnedgången på uteplatsen, är den här kokboken din guide till att omfamna skönheten i uteservering med läckra och lättillgängliga recept.

I den här kokboken kommer du att upptäcka en samling recept inspirerade av de livliga smakerna av färska, säsongsbetonade ingredienser och den avslappnade atmosfären av utomhussammankomster. Från enkla sallader fulla av färska trädgårdsprodukter till aptitretande grillade huvudrätter och uppfriskande drycker, varje recept är framtaget för att förbättra din matupplevelse utomhus och ge glädje till varje tugga.

Det som utmärker "MAGI MED ENKLA UTOMHUSFEST" är dess betoning på enkelhet och tillgänglighet. Oavsett om du är en erfaren grillmästare eller nybörjarkock, är dessa recept utformade för att vara enkla att följa och anpassas efter dina smakpreferenser och kostbehov. Med minimalt med förberedelser och krångel kan du spendera mindre tid i köket och mer tid att njuta av nära och kära mitt i naturens skönhet.

Genom hela den här kokboken hittar du praktiska tips för att planera och genomföra enkla utomhusfester, samt fantastiska fotografier för att inspirera dina kulinariska äventyr. Oavsett om du är värd för en avslappnad sammankomst med vänner, firar ett speciellt tillfälle eller bara njuter av en lugn måltid i naturen, har "MAGI MED ENKLA UTOMHUSFEST" allt du behöver för att skapa oförglömliga stunder under solen eller stjärnorna.

FRUKOST

1.Havregrynsgröt Och Russin Scones

INGREDIENSER:
- 4 msk lättmjölk
- ½ tsk citronsaft
- 150 g fullkorns självjäsande mjöl, siktat
- 20g gyllene strösocker
- 1 tsk bakpulver
- ½ tsk mald kanel
- 40g pålägg med reducerat fett
- 25 g havregryn
- 50 g russin eller sultaner
- 1 medelstort ägg, lätt vispat

INSTRUKTIONER:
a) Värm ugnen till 220ºC/fläkt 200ºC.
b) Värm försiktigt mjölken antingen i mikron eller på hällen och tillsätt en skvätt citronsaft. Ställ åt sidan tills det behövs.
c) Blanda ihop mjöl, socker, bakpulver och kanel i en skål.
d) Dela det fettreducerade pålägget i små bitar och lägg till de torra ingredienserna. Gnid in pålägget med fingertopparna tills blandningen ser ut som fina smulor.
e) Tillsätt havre, russin, uppvärmd mjölk och det mesta av ägget i samma skål – lämna en liten mängd för glasering. Blanda väl till en deg.
f) Kavla ut degen på en lätt mjölad yta till ca 1 cm tjocklek. Använd en skärare med en diameter på 6 cm och skär ut 8 scones.
g) Lägg sconesen på en klädd bakplåt – jämnt fördelade – och pensla lätt med det återstående ägget.
h) Grädda i 10–12 minuter tills de är gyllene och krispiga.

2.Blåbär Skillet Scones Med Citronglasyr

INGREDIENSER:
FÖR SCONES
- 2 koppar (240 g) Multipurpose Baking Mix
- ¾ kopp (180 ml) kärnmjölk
- ¼ kopp (56 g) smör, smält och kylt, plus mer för smörjning
- 3 matskedar strösocker
- 1 stort ägg
- Skal av 1 stor citron
- 1 kopp (170 g) blåbär

FÖR GLASYREN
- ½ kopp (57 g) strösocker
- 1 msk citronsaft

INSTRUKTIONER:
ATT GÖRA SCONES:
a) I en stor skål, rör ihop bakblandningen, kärnmjölken, smöret, strösockret, ägget och citronskalet med en stor stadig sked tills en mjuk, klibbig och raggig deg bildas. Vänd försiktigt ner blåbären.

b) Smörj en stor stekpanna med smör och värm den på medelhög värme. Använd en stor sked och släpp ¼ koppar deg (något större än en golfboll) i stekpannan. Ordna dem så att sidorna på varje kex knappt rör vid varandra. Du bör ha 14 scones.

c) Täck över och koka tills sconesen är gyllenbruna på botten, 4 till 5 minuter. Vänd varje kex med en sked och fortsätt tillaga, täckt, i ca 5 minuter till tills båda sidorna är lätt brynta och sconesen är helt genomstekta i mitten.

d) Under tiden, för att göra glasyren, vispa ihop strösocker och citronsaft i en liten skål tills det är väl blandat. Ringla glasyren över de varma sconesen innan servering.

3.Salta Havregrynsgröt Med Shiitake Och Spenat

INGREDIENSER:
- 2 msk olivolja, delad
- 1 medelstor schalottenlök, finhackad
- 3 koppar (700 ml) kycklingbuljong
- 2 koppar (225 g) rostade instant havregryn, utan tillsatt socker eller kanel
- 8 medelstora shiitakesvampar, skivade (ca 3 uns)
- ¼ tesked kosher salt
- ⅛ tesked mald svartpeppar
- 3 koppar (100 g) packad babyspenat
- 2 msk ponzusås, plus mer till servering

INSTRUKTIONER:
a) Ringla 1 matsked av oljan i en liten kastrull på medelhög värme. Tillsätt schalottenlök och koka tills de börjar bli genomskinliga, cirka 2 minuter.
b) Tillsätt buljongen och havregrynen och låt koka upp.
c) Sänk värmen och låt sjuda i cirka 5 minuter, rör om då och då, tills havren är kokt till önskad konsistens. Fortsätt att värma precis tillräckligt för att hålla sig varm.
d) Ställ under tiden en stor stekpanna på medelhög värme och virvla i den återstående 1 msk olja. Tillsätt svampen, salt och peppar. Koka tills svampen är mjuk, 3 till 5 minuter, rör om då och då. Tillsätt spenaten och ponzu, rör om för att kombinera och koka tills spenaten precis vissnat, cirka 2 minuter.
e) Fördela havregryn, svamp och spenat i 4 skålar och ringla över lite ponzu innan servering.

4. Salta Pannkakor Med Salladslök, Svamp Och Getost

INGREDIENSER:
FÖR FYLLNING
- 4 medelstora cremini -svampar, fint hackade
- 4 salladslökar, fint hackade
- 2 matskedar olivolja
- 1 msk hackad färsk timjan
- ½ tsk kosher salt
- ¼ tesked mald svartpeppar

FÖR PANNKAKKARNA
- 2 koppar (240 g) Multipurpose Baking Mix
- 1½ koppar (350 ml) mjölk
- 2 stora ägg
- Smör
- Getost

INSTRUKTIONER:
ATT GÖRA FYLLNING:
a) I en liten skål, kombinera svamp, salladslök, olja, timjan, salt och peppar och ställ åt sidan.

ATT GÖRA PANNKAKOR:
b) I en stor skål, vispa bakblandningen med mjölken och äggen tills den är väl blandad.

c) Värm en stor stekpanna på medelvärme och smält en klick smör, snurra runt för att täcka ytan. Häll ¼ kopp (60 ml) smet åt gången i stekpannan.

d) Strö 2 råga matskedar av svamp- och salladslökblandningen över smeten och tryck lätt ner den i pannkakan när den tillagas.

e) Koka tills kanterna börjar stelna, ca 3 minuter. Vänd pannkakan och stek den andra sidan tills den är gyllenbrun och helt stel, ca 2 minuter till.

f) Servera med en rejäl klick smör och en klick getost på toppen.

5. Kärnmjölkspannkakor Med Lönn, Mascarpone Och Bär

INGREDIENSER:
FÖR PANNKAKKARNA
- 2 koppar (240 g) Multipurpose Baking Mix
- 2 koppar (475 ml) kärnmjölk
- ½ kopp (115 g) mascarponeost
- 2 stora ägg
- Smör

FÖR TOPPEN
- 2 matskedar strösocker
- ½ kopp (115 g) mascarponeost
- 2 koppar (150 g) hallon, björnbär eller blåbär
- lönnsirap

INSTRUKTIONER:
a) I en stor skål, vispa ihop bakblandningen, kärnmjölken, mascarponen och äggen tills de är väl blandade.
b) I en liten skål, rör ner strösockret i den andra ½ koppen (115 g) mascarpone och ställ åt sidan.
c) Värm en stor stekpanna på medelvärme och smält en klick smör, snurra runt för att täcka ytan. Häll ¼ kopp (60 ml) smet åt gången i stekpannan.
d) Koka tills bubblor brister på ytan och kanterna på pannkakan börjar stelna, ca 3 minuter. Vänd och stek den andra sidan tills den är gyllenbrun och helt stel, ca 2 minuter till.
e) Upprepa med resterande smet. (För att hålla pannkakorna varma, stapla och slå in dem i folie när de är klara.)
f) Servera med en klick av den sötade mascarponen, en näve bär och en klick lönnsirap på toppen.

6.Grillad Fransk Toast Och Baconbett

INGREDIENSER:
- 3 stora ägg
- 1 kopp (240 ml) halv-och-halva eller mjölk
- ¼ kopp (60 ml) kryddad rom
- 1 matsked socker
- 6 (¾- till 1 tum tjocka) skivor lite gammal challah, brioche eller bröd i lantlig stil
- 8 remsor tjockt skuren bacon
- lönnsirap

INSTRUKTIONER:
a) Förbered en grill för tvåzonsvärme.
b) Vispa ihop ägg, halv och halv, rom och socker i en bred, grund form tills vaniljsåsen är mycket väl blandad.
c) Lägg åt sidan 6 spett tills de ska användas. Skär varje brödskiva i 1-tums (2,5 cm) bitar. (Du bör ha cirka 36 bitar.) Lägg upp bitarna i ett enda lager i fatet, arbeta i omgångar om det behövs, och blötlägg brödet i vaniljsåsen i cirka 10 sekunder. Vänd och blöt den andra sidan i ca 10 sekunder till tills brödet är helt mättat men inte faller isär. Trä upp brödet på spett och ställ åt sidan för att rinna av något. Trä baconet på de återstående spetten, vik baconet fram och tillbaka i dragspelsstil och stick igenom de köttiga delarna av baconet istället för fettet.
d) Grilla baconet över indirekt värme, vänd då och då, i 10 till 12 minuter, tills kanterna är knapriga och brynta men mitten fortfarande är fuktig.
e) Grilla brödet på direkt värme, vänd då och då, i cirka 5 minuter, eller tills ytan är torr och gyllenbrun och mitten är genomstekt. Om brödet får färg för snabbt, avsluta spetten på indirekt värme när de fått en bra röding.
f) Servera med en klick lönnsirap.

7.Sötpotatis, äpple och Pancetta Hash

INGREDIENSER:
- 6 uns pancetta, skuren i små tärningar
- 1 liten gul lök, finhackad
- 2 medelstora äpplen, urkärnade och tärnade
- 2 matskedar olivolja
- 2 stora sötpotatisar, skalade och tärnade
- 1 tsk röd paprikaflingor
- ½ tsk kosher salt
- ¼ tesked mald svartpeppar
- 2 koppar (65 g) packad babyspenat
- 4 stora ägg

INSTRUKTIONER:
a) Värm en stor stekpanna över medelhög värme. Tillsätt pancetta och koka tills den är brun och krispig, 5 till 8 minuter, rör om då och då. Överför pancettan till en stor tallrik, spara fettet i stekpannan.
b) Låt fettet värmas upp i ca 1 minut. Tillsätt löken och koka tills den börjar bli genomskinlig, 2 till 3 minuter. Rör ner äpplena och koka tills de är gyllenbruna, 3 till 5 minuter. Överför löken och äpplena till tallriken med pancetta.
c) Värm upp stekpannan igen och täck botten lätt med olja. Lägg på sötpotatisen i ett enda lager och koka ostört tills den fått färg på botten, cirka 5 minuter. Strö rödpepparflingorna, salt och peppar ovanpå och fortsätt att laga mat, rör om då och då, i 8 till 10 minuter, eller tills sötpotatisen är mjuk.
d) Häll tillbaka pancetta, lök och äpplen i stekpannan och rör om för att kombinera. Tillsätt spenaten och koka tills den vissnat, 2 till 3 minuter.
e) Använd en sked och gör 4 djupa brunnar i blandningen. Knäck ett ägg i varje brunn, täck pannan och koka tills äggulorna precis stelnat, 8 till 10 minuter. (Om du gillar att dina gulor är mindre rinnande, pochera i ytterligare några minuter.)

8. Utomhus Chai

INGREDIENSER:
FÖR CHAI KONCENTRATET
- 1 (14-ounce/415-ml) burk sötad kondenserad mjölk
- 1 tsk mald kardemumma
- 1 tsk mald ingefära
- ½ tsk mald kanel
- ½ tsk mald kryddnejlika

FÖR CHAI
- Svart tepåse
- Varmt vatten

INSTRUKTIONER:
a) För att göra chai-koncentratet, kombinera alla ingredienser i en liten skål. Överför till en behållare med lock och kyl i upp till 3 veckor.
b) Lägg tepåsen i en mugg varmt vatten i 3 till 5 minuter.
c) Rör ner några skedar chai-koncentrat efter smak.

FÖRRÄTT & SNACK

9.Kyckling satayspett

INGREDIENSER:

- 650 g kycklingbröst utan skinn, i tärningar

Till marinaden:
- 150 ml osötad kokosdryck
- 2 tsk medium currypulver
- 1 msk sojasås med reducerad salthalt
- 1 rågad tsk slät mangochutney
- För jordnötsdippsåsen:
- 3 msk slätt jordnötssmör
- 2,5 cm rot ingefära, skalad
- 1 medelstor vitlöksklyfta, skalad
- ½ tesked medium currypulver
- 2 msk risvinsvinäger
- 1 msk sojasås med reducerad salthalt
- 1 msk limejuice
- 1 tsk slät mango chutney

INSTRUKTIONER:

a) För att göra marinaden, tillsätt alla marinadens ingredienser i en stor skål och blanda.

b) Tillsätt kycklingen i marinaden och rör om så att den täcks ordentligt. Täck över och ställ i kylen i minst 1 timme.

c) ingredienserna till dipsåsen i en mixer och mixa tills den är slät. Häll upp i en serveringsskål.

d) Om du använder träspett, blötlägg i vatten för att förhindra att de bränns.

e) Trä 2–3 kycklingbitar på varje spett.

f) Lägg på en grillplåt under en medelhög grill och låt koka i ca 4 minuter – några av kanterna ska börja få färg. Ta bort från grillen, vänd försiktigt spetten – kom ihåg att själva spetten kan vara varma – och koka i ytterligare 4 minuter tills kycklingen är genomstekt.

10. Veganska korvrullar

INGREDIENSER:
- Lätt matlagningssprayolja
- 1 medelstor rödlök, tärnad
- 200 g kastanjsvampar, skivade
- Liten näve färsk salvia, grovt hackad
- 1 vitlöksklyfta, skivad
- 1 tsk rökt paprika
- Nyriven muskotnöt, efter smak
- Nymalen svartpeppar, efter smak
- 1 msk vegansk worcestershiresås
- 1 x 400g burk gröna eller bruna linser, sköljda och torkade
- 50 g havregryn
- 4 ark färdiggjorda vegansk filobakelse
- Osötad sojamjölk eller liknande, för glasering

INSTRUKTIONER:

a) Värm ugnen till 200°C/fläkt 180°C.

b) Klä en non-stick stekpanna i sprayolja och värm på medelhög värme. Koka löken tills den är mjuk och genomskinlig. Öka sedan värmen till hög och rör hela tiden tills löken är gyllenbrun. Ta av från värmen och lägg i en matberedare.

c) Tillsätt lite mer sprayolja i samma panna och koka svampen på medelhög värme. Rör om regelbundet tills den fått färg.

d) Sänk sedan värmen och fortsätt koka tills volymen har minskat avsevärt. Häll av eventuell överflödig vätska och tillsätt löken i matberedaren.

e) Tillsätt salvia, vitlök, paprika, muskotnöt, svartpeppar och Worcestershiresås till löken och svampen och mixa till en grov deg.

f) Tillsätt sedan linser och havre och blixtra – för att blanda ordentligt men bibehålla lite konsistens.

g) Lägg två ark filodeg ovanpå varandra på en torr skärbräda. Skeda med "korv"-blandningen längs med långsidan, ca 4 cm från kanten. Korven ska vara ca 2cm bred och 1cm hög. Lyft sedan den 4 cm långa kanten över korven rulla försiktigt korven. Skär i 9 korvrullar, ca 2,5 cm långa. Upprepa med resterande filo- och korvblandning.

h) Lägg korvrullarna på en klädd ugnsplåt och glasera med sojamjölk. Grädda i ugnen i 20–22 minuter.

11. Chuckwagon Kabobs

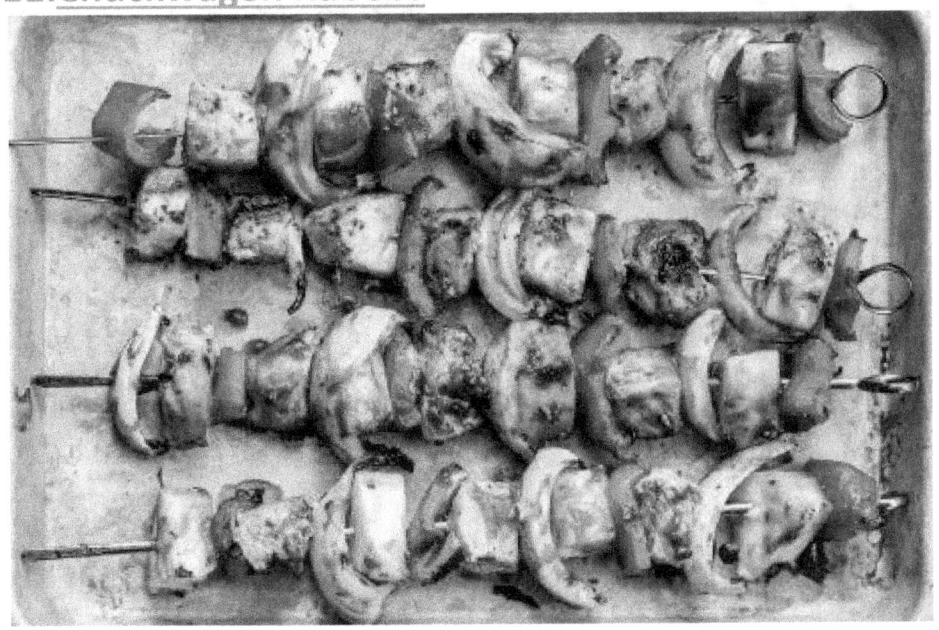

INGREDIENSER:

- 16-ounce paket varmkorvar - skär i tredjedelar
- 16-ounce paket rökt franker -- skuren i tredjedelar
- 30-ounce paket frysta bifffrites

INSTRUKTIONER:

a) Trä alla ingredienser växelvis på spett; slå in löst i kraftig folie, om så önskas.

b) Grilla, utan grilllock, på medelhög värme (350-400 grader) 3-4 minuter på varje sida.

12.Lax-, bönor- och ärtfiskkakabett

INGREDIENSER:
- 2 x laxfiléer (ca 260g totalt), färska eller frysta
- 1 citron, saft och skal
- Nymalen svartpeppar, efter smak
- 2 x 400 g burk smörbönor, avrunna
- 100g petits pois, fryst, sköljd under kallt vatten
- 1 ägg, lätt uppvispat
- 50 g ströbröd, gärna fullkorn
- 2 rågade teskedar kapris
- 2 msk fettfri, vanlig grekisk yoghurt

INSTRUKTIONER:
a) Värm ugnen till 190°C/fläkt 170°C.
b) Slå in laxen i ett löst foliepaket med en skvätt vatten. Sätt in i ugnen och grädda i 15–25 minuter, beroende på hur du föredrar din lax tillagad. Låt svalna.
c) Överför laxen till en stor skål och strimla, ta bort eventuellt skinn och ben. Tillsätt citronskal, hälften av citronsaften och svartpeppar och rör om.
d) Lägg på smörbönorna och småbitarna häll i en matberedare och pulsera för att bryta ner lite. Tillsätt sedan lite i taget och blanda det med laxen.
e) När alla bönor och lax är kombinerade, tillsätt ägget och blanda noggrant. Kyl tills det behövs.
f) Värm ugnen till 220°C/fläkt 200°C.
g) Dela blandningen i 20 – ca 40g vardera – och rulla till bollar. Rulla varje boll i ströbrödet och lägg på en klädd plåt.
h) Sätt in fiskkakorna i ugnen i ca 20 minuter, vänd på halvvägs.
i) Häll kaprisen i en liten skål och mosa med baksidan av en sked. Tillsätt yoghurten och resten av citronsaften och blanda noggrant.
j) Ta ut fiskkakorna ur ugnen och servera med yoghurtdippen.

13. Grillad majs med söt chili-sojaglasyr

INGREDIENSER:
- 2 matskedar (30 ml) sojasås
- 2 matskedar (40 g) sweet chilisås
- 6 ax majs, shucked
- Olivolja matlagningsspray, för imma
- Smör, till servering (valfritt)

INSTRUKTIONER:
a) Förbered en medelvarm enplanseld i en kolgrill med ett grillgaller över kolen.
b) I en liten skål, rör ihop sojasås och sweet chilisås. Ställ åt sidan tills det behövs.
c) Dimma majsen med matlagningsspray, arrangera öronen på gallret och stäng grilllocket. Grilla i 5 till 10 minuter, vänd då och då, tills majsen börjar förkolna. Pensla glasyren på majsen och fortsätt grilla, med locket stängt, tills kärnorna är mjuka och förkolnade överallt, cirka 10 minuter, vänd var 3:e minut och pensla med mer glasyr.
d) Servera med ytterligare en klick glasyr på majsen och en klick smör, om så önskas.

14. Majskolv

INGREDIENSER:
- Färsk majskolvar
- Smör
- Salta och peppra efter smak

INSTRUKTIONER:
a) Dra bort skalen på majsen, men låt dem sitta fast vid botten av kolven. Ta bort sidentrådarna från majsen.
b) Blötlägg majsen i en stor skål med kallt vatten i cirka 10 minuter.
c) Förvärm din grill till medelhög värme.
d) Skaka av eventuellt överflödigt vatten från majsen och lägg den direkt på grillen.
e) Grilla majsen i ca 10-12 minuter, vänd då och då tills kärnorna är mjuka och lätt förkolnade.
f) Ta bort majsen från grillen och dra försiktigt tillbaka skalen. Använd dem som handtag för att hålla majsen.
g) Bred smör över majsen medan den fortfarande är varm, låt den smälta och täcka kärnorna.
h) Krydda med salt och peppar efter smak.
i) Servera Corn on the Cob som en läcker och klassisk tillbehör på din eller utomhussammankomst.

15. Mini Sliders

INGREDIENSER:
- Mini slider bullar eller middagsrullar
- Nötfärs eller kalkon
- Salta och peppra efter smak
- Diverse färska grönsaker (som sallad, tomatskivor, lökskivor och avokado)
- Ostskivor (som cheddar, schweizisk eller pepparjacka)
- Valfria kryddor (som ketchup, senap eller majonnäs)
- Valfritt: Pickles, karamelliserad lök eller annat pålägg

INSTRUKTIONER:
a) Förvärm din grill eller spishäll till medelhög värme.
b) Krydda nötfärsen eller kalkonen med salt och peppar och forma dem till små biffar som matchar storleken på dina bullar.
c) Tillaga biffarna på grillen eller spishällen i cirka 3-4 minuter per sida, eller tills de når önskad nivå av klarhet.
d) Skär skjutbullarna på mitten horisontellt.
e) Lägg en kokt biff på den nedre halvan av varje bulle.
f) Toppa biffarna med ostskivor medan de fortfarande är varma, låt osten smälta något.
g) Lägg de färska grönsakerna och eventuella kryddor ovanpå osten.
h) Placera den övre halvan av bullen på de monterade reglagen.
i) Servera Mini Sliders som läckra och lagom stora alternativ på din eller utomhussammankomst.

16. Mini pizzor

INGREDIENSER:
- Engelska muffins eller mini pizzaskorpor
- Pizzasås
- Strimlad ost
- Pålägg efter eget val (t.ex. pepperoni, skivade grönsaker, oliver)

INSTRUKTIONER:
a) Värm ugnen till den temperatur som rekommenderas på pizzacrustpaketet.
b) Dela de engelska muffinsen på mitten eller lägg mini pizzaskorpor på en plåt.
c) Fördela pizzasås jämnt på varje muffinshalva eller skorpa.
d) Strö riven ost över såsen.
e) Lägg till önskat pålägg.
f) Grädda i förvärmd ugn i ca 10-12 minuter eller tills osten är smält och bubblig.
g) Låt dem svalna något innan servering.

17. Nachos

INGREDIENSER:
- Tortillachips
- Strimlad ost
- Omstekta bönor
- Skivad jalapeños
- Salsa
- Guacamole
- Gräddfil

INSTRUKTIONER:
a) Värm ugnen till 350°F (175°C).
b) Bred ut ett lager tortillachips på en plåt.
c) Strö riven ost över chipsen.
d) Lägg på ett lager refried bönor och skivade jalapeños.
e) Grädda i förvärmd ugn i ca 10-12 minuter eller tills osten har smält.
f) Servera med salsa, guacamole och gräddfil.

18. Popcorn Bar

INGREDIENSER:
- Popcorn
- Olika pålägg (t.ex. smält choklad, kolasås, riven ost, chilipulver, kanelsocker, torkade örter)

INSTRUKTIONER:
a) Poppa popcornen enligt anvisningarna på förpackningen.
b) Dela popcornen i skålar eller enskilda påsar.
c) Sätt upp en toppingsstation med olika skålar som innehåller olika toppings.
d) Låt gästerna anpassa sina popcorn genom att lägga till önskat pålägg.

19.Kokosräkor

INGREDIENSER:
- 1 pund stora räkor, skalade och deveirade
- 1 kopp strimlad kokos (sötad eller osötad)
- ½ kopp ströbröd
- ½ tsk salt
- Vegetabilisk olja, för stekning

INSTRUKTIONER:
a) Kombinera den rivna kokosen, ströbröd och salt i en skål.
b) Belägg varje räka med kokosblandningen, tryck försiktigt för att fästa vid beläggningen.
c) Värm vegetabilisk olja i en stor stekpanna eller fritös till cirka 350°F (175°C).
d) Stek kokosräkorna i omgångar ca 2-3 minuter på varje sida, eller tills de är gyllenbruna och genomstekta.
e) Överför de kokta räkorna till en pappershandduksklädd plåt för att rinna av överflödig olja.
f) Servera och njut av dessa krispiga och smakrika kokosräkor som en utsökt aptitretare!

20.Mango avokado sallad

INGREDIENSER:
- 2 mogna mango, tärnade
- 2 mogna avokado, tärnade
- 1 gurka, skivad
- ¼ kopp rödlök, finhackad
- 2 msk färsk limejuice
- 2 msk hackad färsk koriander
- Salta och peppra, efter smak

INSTRUKTIONER:
a) I en skål, kombinera tärnad mangon, tärnad avokado, gurkskivor och hackad rödlök.
b) Ringla limesaften över blandningen.
c) Tillsätt den hackade koriandern.
d) Krydda med salt och peppar efter smak.
e) Blanda försiktigt ihop alla ingredienser tills de är väl blandade.
f) Servera mangoavokadosalladen som en uppfriskande och hälsosam tillbehör eller som pålägg till grillat kött, skaldjur eller tacos.

21.Grillade tropiska kycklingspett

INGREDIENSER:
- 1 pund benfria, skinnfria kycklingbröst, skurna i lagom stora bitar
- 1 kopp ananasbitar
- 1 röd paprika, skuren i bitar
- ¼ kopp sojasås
- 2 matskedar honung
- 2 msk limejuice
- 1 tsk riven ingefära
- Salta och peppra, efter smak
- Träspett, blötlagda i vatten i 30 minuter för att förhindra att de bränns

INSTRUKTIONER:
a) Vispa ihop sojasås, honung, limejuice , riven ingefära, salt och peppar i en skål.
b) Trä upp kycklingbitarna, ananasbitarna och röda paprikabitarna på spetten och varva dem.
c) Pensla spetten med marinaden, täck dem jämnt.
d) Förvärm grillen till medelhög värme.
e) Lägg spetten på grillen och stek i ca 8-10 minuter, vänd då och då tills kycklingen är genomstekt och lätt förkolnad .
f) Ta bort spetten från grillen och låt dem vila några minuter.
g) Servera de grillade tropiska kycklingspetten som en smakrik och tropisk huvudrätt eller som ett utsökt tillskott till en sommargrill.

22.Grillade Ananas Och Räkspett

INGREDIENSER:
- 1 pund stora räkor, skalade och deveirade
- 2 dl färska ananasbitar
- ¼ kopp olivolja
- 2 msk limejuice
- 2 vitlöksklyftor, hackade
- 1 tsk paprika
- Salta och peppra, efter smak
- Grillspett

INSTRUKTIONER:
Vispa ihop olivolja, limejuice , hackad vitlök, paprika, salt och peppar i en skål.
Trä upp räkor och ananas växelvis på spett.
Pensla spetten med marinaden.
Förvärm grillen till medelhög värme och smörj gallren.
Grilla spetten 2-3 minuter per sida tills räkorna är rosa och genomstekta.
Servera varm som en läcker förrätt eller huvudrätt.

23. Capresespett

INGREDIENSER:
- 16 körsbärstomater
- 16 mini mozzarellabollar (bocconcini)
- 16 färska basilikablad
- 2 msk balsamicoglasyr
- Salta och peppra, efter smak
- Grillspett

INSTRUKTIONER:
a) Trä en körsbärstomat, en minimozzarellaboll och ett basilikablad på varje spett.
b) Lägg upp spetten på ett fat.
c) Ringla balsamicoglasyr över spetten.
d) Krydda med salt och peppar.
e) Servera som en färgstark och smakrik aptitretare.

24.Bbq Chicken Sliders

INGREDIENSER:
- 1 pund benfria, skinnfria kycklingbröst
- 1 dl barbecuesås
- ¼ kopp majonnäs
- 12 glidbullar
- Salladsblad
- Tomatskivor
- Rödlökskivor

INSTRUKTIONER:
a) Värm grillen till medelvärme.
b) Krydda kycklingbrösten med salt och peppar.
c) Grilla kycklingen ca 6-8 minuter per sida tills den är genomstekt.
d) Pensla kycklingen med barbecuesås och fortsätt grilla ytterligare en minut på varje sida.
e) Ta bort kycklingen från grillen och låt den vila några minuter.
f) Skiva kycklingen i små bitar.
g) Bred majonnäs på glidbullarna.
h) Montera reglagen genom att lägga en bit kyckling på varje bulle.
i) Toppa med sallad, tomat och rödlökskivor.
j) Servera som välsmakande och bärbara smörgåsar.

25.Miniatyrtarteletter Med Tranbär Och Brie

INGREDIENSER:
- 1 ark färdiggjord smördeg, tinad
- 1 kopp tranbärssås (hemgjord eller köpt i butik)
- 6 uns brieost, skalet avlägsnat och skär i små kuber
- Färsk rosmarin eller timjan, för garnering (valfritt)
- Salta och peppra, efter smak

INSTRUKTIONER:
a) Värm ugnen till 400°F (200°C) och klä en plåt med bakplåtspapper.
b) Kavla ut det tinade smördegsarket på en lätt mjölad yta till cirka ¼-tums tjocklek.
c) Använd en rund kakform eller ett dricksglas och skär ut små cirklar från smördegen. Storleken beror på hur miniatyr du vill att dina tarteletter ska vara.
d) Placera bakelsecirklarna på den förberedda bakplåten, lämna lite utrymme mellan varje.
e) Sked cirka ½ tesked tranbärssås på varje bakverkscirkel.
f) Toppa tranbärssåsen med en tärning brieost.
g) Strö en nypa salt och peppar över varje tartelett.
h) Om så önskas, garnera varje tartelett med en liten kvist färsk rosmarin eller timjan.
i) Grädda i förvärmd ugn i ca 12-15 minuter eller tills smördegen är gyllenbrun och uppblåst.
j) Ta ut tarteletterna ur ugnen och låt dem svalna några minuter innan servering.

26.Räkcocktail med en saftig cocktailsås

INGREDIENSER:
- 1 pund (450 g) stora räkor, skalade och rensade
- 1 citron, skivad
- Färsk dill, för garnering (valfritt)
- Salt, för att koka vatten
- Snygg cocktailsås

INSTRUKTIONER:
a) Fyll en stor gryta med vatten och smaka av med salt. Koka upp vattnet.
b) Tillsätt de skalade och devinerade räkorna i det kokande vattnet. Koka i cirka 2-3 minuter eller tills räkorna blir rosa och ogenomskinliga.
c) Töm de kokta räkorna och överför dem till en skål med isvatten för att stoppa tillagningsprocessen. Låt dem svalna i några minuter.
d) När räkorna har svalnat, töm dem från isvattnet och klappa dem torra med en pappershandduk.
e) Ordna räkorna på ett serveringsfat eller individuella cocktailglas.
f) Servera räkcocktailen med den saftiga cocktailsåsen vid sidan av eller ringla såsen över räkorna.
g) Garnera med citronskivor och färsk dill, om så önskas.

SMÖRGÅR & WRAPS

27.Kröning Kycklingsmörgåsar

INGREDIENSER:
- 3 matskedar fettfri, vanlig grekisk yoghurt
- ¼tsk mild eller medium currypulver
- Strö över gurkmeja
- 1 tsk citron- eller limejuice
- 1 torkad aprikos, fint tärnad
- 10 cm gurka, urkärnad och tärnad
- 1 rågad tesked sultanas, tärnade
- 120g kokt kycklingbröst, kylt och strimlat
- 4 medelstora skivor grovt bröd

INSTRUKTIONER:
a) Tillsätt yoghurt, curry, gurkmeja och citron- eller limejuice i en skål och blanda noggrant.

b) Till yoghurtblandningen, tillsätt den tärnade aprikosen, gurkan, sultanerna och strimlad kyckling och blanda noggrant.

c) Sätt ihop smörgåsarna – det behövs inget smör eller pålägg – och skär i fjärdedelar.

d) Servera omedelbart eller lägg över i en sluten kastrull och förvara i kylen tills det behövs. Det är bäst att göra smörgåsarna på dagen, men fyllningen kan förberedas i förväg.

28. Italienska hamburgare med basilika senap och giardiniera

INGREDIENSER:
- 1½ koppar (336 g) Hemlagad Giardiniera, plus mer för servering
- 3 matskedar (45 g) dijonsenap
- 1½ matskedar (21 g) majonnäs
- 3 matskedar (7,5 g) tunt skivad färsk basilika
- 1 pund (454 g) slipad chuck
- 12 uns (340 g) varm italiensk korv i bulk
- ¾ tesked kosher salt
- ¼ tesked mald svartpeppar
- 4 skivor provoloneost
- 4 ciabattarullar, delade

INSTRUKTIONER:
a) Minst 3 dagar innan du planerar att servera hamburgarna, gör giardiniera (här).
b) Förbered en medelvarm tvåzonseld i en eldstad med ett grillgaller över kolen.
c) Hacka giardinieran fint. Ställ åt sidan tills det behövs.
d) I en liten skål, rör ihop senap, majonnäs och basilika. Avsätta.
e) I en stor skål, kombinera mald chuck, italiensk korv, salt och peppar. Med rena händer, blanda lätt ingredienserna tills de precis blandas. Dela blandningen i 8 lika delar. Rulla varje del till en boll och klappa försiktigt varje boll till en biff ca ½ tum (1 cm) tjock. Smörgå 1 skiva provolone mellan 2 biffar. Krymp kanterna med fingrarna för att omsluta osten. Tryck tummen i mitten av varje biff för att göra en stor grop.
f) Lägg biffarna på gallret på direkt värme. Grilla ostört i 4 minuter. Vänd biffarna och grilla i ytterligare 3 till 4 minuter tills en termometer som är avläst i mitten av köttet når 71 °C (160 °F).
g) Lägg ciabattan med snittsidan nedåt på gallret på direkt värme. Grilla tills det är lätt brynt och knaprigt, 30 sekunder till 1 minut. Lägg över de nedersta bullarna till en plåt. Vänd på de översta bullarna och grilla i 30 sekunder till 1 minut tills de är rostade.
h) För att montera hamburgarna, häll ett lager basilikasenap på den nedre halvan av varje ciabattabulle. Tillsätt en biff och några skedar giardiniera och lägg den andra halvan av bullen ovanpå. Servera med mer giardiniera vid sidan av.

29. Spikummin-Crusted Kyckling Tacos Med Rökig Salsa Verde

INGREDIENSER:
FÖR SALSA VERDE
- 1½ pund (681 g) tomatillos, skalade
- 1 vit lök, halverad på längden, roten intakt, grovt hackad
- 2 jalapeñopeppar
- Olivolja matlagningsspray, för att förbereda grönsakerna
- ½ kopp (8 g) förpackad färsk koriander
- Saft av 1 lime
- ½ tsk kosher salt, plus mer efter behov

FÖR KYCKLINGTACOS
- 2 matskedar (12 g) spiskummin, grovt krossade
- 1 tsk kosher salt, plus mer för smaksättning
- ½ tesked mald svartpeppar, plus mer för smaksättning
- 2 pund benfria, skinnfria kycklinglår, klippta av överflödigt fett
- 2 rödlökar, i fjärdedelar, rötter intakta
- Olivolja matlagningsspray, för att förbereda löken
- Uppvärmt mjöl eller majstortillas, till servering
- Valfria pålägg

INSTRUKTIONER:
a) Förbered en medelvarm tvåzonseld i en eldstad med ett grillgaller över kolen.

ATT GÖRA SALSA VERDE:
b) Spraya tomatillos, lök och jalapeños med matlagningsspray. Ordna grönsakerna på gallret på direkt värme. Grilla i cirka 8 minuter tills de är mjuka och förkolnade, vänd då och då. Ta bort varje grönsak när den är färdig och överför till en skärbräda.

c) Putsa och grovhacka den grillade löken. Stjälka och kärna ur de grillade jalapeñosna.

d) I en matberedare, kombinera hackad lök och jalapeños, tomatillos, koriander, limejuice och salt. Pulsera tills ingredienserna har kombinerats till en sås men fortfarande har en lite tjock konsistens. Smaka av och tillsätt mer salt om så önskas. Överför till en liten skål. Ställ åt sidan tills den ska användas.

ATT GÖRA KYCKLINGTACOS:

e) I en liten skål, rör ihop spiskummin, salt och peppar. Krydda kycklingen på alla sidor med kryddblandningen.

f) Spraya rödlöken med matlagningsspray och krydda med några nypor salt och peppar.

g) Lägg upp kycklingen och rödlöken på gallret på direkt värme. Grilla kycklingen i 10 till 12 minuter, vänd då och då, tills den är jämnt förkolnad på båda sidor och en snabbavläsningstermometer som sätts in i den tjockaste delen av låret når 180°F till 185°F (82°C till 85°C). (Flytta kycklingen över indirekt värme om den verkar brinna innan den når temperatur.) Grilla löken tills den är mjuk och förkolnad, ca 8 minuter, vänd då och då.

h) Skiva kycklingen och putsa och skiva löken.

i) Sätt ihop en tacobar med kyckling, lök, tortillas, salsa verde och valfria pålägg. Bjud in gäster att servera sig själva.

30.Cederplankad varm skinka och brie smälter

INGREDIENSER:

- 8 skivor lantbröd
- Majonnäs, för att breda ut
- Dijonsenap, för att breda ut
- 8 till 12 uns (225 till 340 g) deli skinka, tunt skivad
- 1 (8-ounce, eller 225 g) hjul brieost, skuren i ¼-tums (0,6 cm) skivor
- Hot Pepper Jelly eller butiksköpt varmpeppargelé, för bredning

INSTRUKTIONER:

a) Blötlägg en cederplanka i vatten i minst 1 timme innan du planerar att grilla.

b) Förbered en medelvarm tvåzonseld i en kolgrill med ett grillgaller över kolen.

c) På 4 brödskivor, bred ett tunt lager majonnäs på ena sidan. Vänd på brödet och bred ett tunt lager Dijon på andra sidan. Lägg några skivor vardera av skinkan och osten ovanpå.

d) På de återstående 4 brödskivorna, häll geléen. Lägg dem, med gelésidan nedåt, på smörgåsen. Bred ett tunt lager majonnäs ovanpå.

e) Förvärm plankan tills den börjar ryka. Vänd plankan och flytta den över indirekt värme. Ordna smörgåsarna på plankan och stäng grilllocket.

f) Grilla i 10 till 12 minuter, tills osten smält och brödet är rostat.

g) Ta bort smörgåsarna från plankan och flytta över dem till direktvärmesidan. Grilla smörgåsarna på gallret utan lock ca 1 minut per sida tills bra grillmärken bildats.

31.Hummus Och Rödbetor Salsa Wraps

INGREDIENSER:
- 6 stora fullkornswraps
- 150 g lättsmält hummus
- 90g babyspenatblad, tvättade
- Till rödbetssalsan:
- 250g ångad rödbetor, fint tärnad
- 2 vårlökar, putsade och fint skivade
- 1 tsk röd chilipuré
- Liten näve färsk mynta, hackad 1 msk citronsaft

INSTRUKTIONER:
a) Lägg salsaingredienserna i en skål och blanda.
b) Fördela hummusen över ena sidan av varje wrap.
c) Skeda över rödbetssalsan och toppa med spenatblad.
d) Vik in ca 3 cm av två motsatta sidor av omslaget. Lyft sedan upp en av de utvikta sidorna och rulla så att de vikta sidorna bildar ändarna.
e) Skär omslaget på mitten. Säkra varje halva med en cocktailpinne.

GRILLAT ELNET

32.Planked Köttbullar Med Marinara Sås

INGREDIENSER:
FÖR MARINARA-SÅSEN
- 2 matskedar (30 ml) olivolja
- 1 schalottenlök, finhackad
- 2 vitlöksklyftor, hackade
- 1 (28-ounce, eller 790 g) burk hela skalade tomater, odränerade
- 1 matsked (4 g) malet färsk oregano
- Nyp röda paprikaflingor
- Kosher salt

FÖR KÖTTBULLAR
- 12 (cirka 1 pund eller 454 g) köttbullar i italiensk stil
- Kosher salt
- Malen svartpeppar
- Riven parmesanost, att strö över
- Kokt spaghetti, för servering (valfritt)

INSTRUKTIONER:

a) Blötlägg en ekplanka i vatten i minst 1 timme innan du planerar att grilla.

b) Förbered en medelvarm tvåzonseld i en kolgrill med ett grillgaller över kolen.

c) ATT GÖRA MARINARA-SÅSEN: Värm en medelstor stekpanna på spishällen på medelhög värme. Tillsätt olivoljan och schalottenlök. Koka i 1 till 2 minuter, tills schalottenlöken är genomskinlig. Rör ner vitlök, tomater, oregano och röd paprikaflingor och låt såsen sjuda snabbt. Sänk värmen och låt såsen sjuda långsamt, rör om då och då och mosa tomaterna med baksidan av en sked när de bryts ner. Koka i minst 30 minuter tills den ska användas. Ju längre såsen puttrar, desto tjockare och fylligare blir den. Smaka av såsen och tillsätt salt om det behövs. (Om du föredrar en slätare sås, blanda den innan du använder.)

d) ATT GÖRA KÖTTBULLAR: Krydda köttbullarna med salt och peppar.

e) Förvärm plankan tills den börjar ryka. Vänd på plankan och flytta den till indirekt värme. Lägg upp köttbullarna på plankan och stäng grilllocket. Grilla i cirka 10 minuter, tills köttbullarna fått färg överallt.

f) Skeda cirka 1 matsked (15 g) marinarasås över varje köttbulle. (Svara oanvänd marinara för framtida bruk eller för att täcka spagetti för en hel måltid.) Stäng grilllocket och grilla i cirka 5 minuter.

g) Strö parmesan över köttbullarna och stäng grilllocket. Grilla i 5 minuter till, tills osten smält. En omedelbar termometer som sätts in i mitten av köttbullen bör registrera 71°C (160°F). Servera med mer parmesan på toppen och kokt spagetti, om så önskas.

33.Grillade räkor

INGREDIENSER:
- 1 pund stora räkor, skalade och deveirade
- 2 matskedar olivolja
- 2 vitlöksklyftor, hackade
- 1 msk färsk citronsaft
- 1 tsk paprika
- ½ tsk salt
- ¼ tesked svartpeppar
- Grillspett av trä eller metall
- Valfritt: Färska örter (som persilja eller koriander) till garnering

INSTRUKTIONER:
a) Om du använder träspett, blötlägg dem i vatten i cirka 30 minuter för att förhindra att de bränns på grillen.
b) I en skål, kombinera olivolja, hackad vitlök, citronsaft, paprika, salt och svartpeppar för att göra marinaden.
c) Tillsätt de skalade och devinerade räkorna till marinaden, se till att varje räka är väl belagd. Låt det marinera i ca 15 minuter.
d) Förvärm din grill till medelhög värme.
e) Trä de marinerade räkorna på spetten, stick igenom toppen och botten av varje räka för att hålla dem på plats.
f) Lägg räkspetten på grillen och tillaga i cirka 2-3 minuter per sida, eller tills räkorna blir rosa och ogenomskinliga.
g) Ta bort spetten från grillen och låt räkorna vila en minut.
h) Garnera med färska örter om så önskas.

34. Plankad hälleflundra med apelsin-miso glasyr

INGREDIENSER:
- 2 matskedar (40 g) apelsinmarmelad
- 2 matskedar (34 g) vit eller gul miso
- 1 tsk sesamolja
- 1 tsk sojasås
- 1 tsk mirin
- 1 tsk riven skalad färsk ingefära
- 4 (8-ounce, eller 225 g) hälleflundrafiléer
- Rostade sesamfrön, till garnering

INSTRUKTIONER:
a) Finhackad salladslök, vita och gröna delar, till garnering
b) Blötlägg en cederplanka i vatten i minst 1 timme innan du planerar att grilla.
c) Förbered en medelvarm tvåzonseld i en kolgrill med ett grillgaller över kolen.
d) I en liten skål, vispa marmelad, miso, sesamolja, sojasås, mirin och ingefära tills det blandas.
e) Torka hälleflundran ordentligt med hushållspapper och pensla filéerna generöst med glasyren.
f) Förvärm plankan tills den börjar ryka. Vänd plankan och flytta den över indirekt värme. Lägg hälleflundran på plankan och stäng grilllocket.
g) Grilla i 15 till 20 minuter, tills en omedelbar termometer som sätts in i den tjockaste delen av köttet når 130°F till 135°F (54°C till 57°C). (Beroende på filéernas tjocklek kan tillagningstiden variera med några minuter.)
h) Garnera med sesamfrön och salladslök före servering.

35.Bbq revben

INGREDIENSER:
- 2 ställ med babyback revben
- ¼ kopp farinsocker
- 1 matsked paprika
- 1 tsk vitlökspulver
- 1 tsk lökpulver
- 1 tsk salt
- ½ tsk svartpeppar
- 1 kopp BBQ-sås (ditt favoritmärke)
- Valfritt: Ytterligare BBQ-sås till servering

INSTRUKTIONER:
a) Förvärm din grill till medelvärme.
b) Blanda ihop farinsocker, paprika, vitlökspulver, lökpulver, salt och svartpeppar i en liten skål för att göra det torrt.
c) Lägg revbenen på en plåt eller plåt och gnugga generöst torr rub över revbenen, täck dem jämnt.
d) När grillen är uppvärmd, placera revbenen på grillgallren med bensidan nedåt.
e) Stäng locket och grilla revbenen i ca 2-3 timmar, eller tills det är mört och köttet börjar dra sig från benen. Vänd revbenen då och då under tillagningen.
f) Under de sista 10 minuterna av grillningen, pensla BBQ-såsen över revbenen och täck dem jämnt.
g) Ta av revbenen från grillen och låt dem vila några minuter.
h) Skär revbenen i enskilda delar.
i) Servera BBQ Ribs med ytterligare BBQ-sås vid sidan om, om så önskas.

36. Baconlindad köttfärslimpa på en planka

INGREDIENSER:
- 2 matskedar (28 g) smör
- ⅓ kopp (53 g) finhackad lök
- ⅓ kopp (37 g) finhackad morot
- ⅓ kopp (50 g) hackad paprika, valfri färg
- 2 vitlöksklyftor, hackade
- 6 tunna baconskivor
- 2 stora ägg, vispade
- 1 matsked (15 ml) Worcestershiresås
- 1 matsked (6 g) mald svartpeppar
- 2 tsk kosher salt
- 1 tsk rökt paprika
- ½ kopp (78 g) gammaldags havregryn
- ½ kopp (125 g) av din favorit barbecuesås, plus mer för glasering
- 1 pund (454 g) slipad chuck
- 1 pund (454 g) bulk mild italiensk korv

INSTRUKTIONER:
a) Blötlägg en ek- eller cederplanka i vatten i minst 1 timme innan du planerar att grilla.
b) Förbered en medelvarm tvåzonseld i en kolgrill eller, helst om din grill är tillräckligt stor, en trezonseld med ett grillgaller över kolen.
c) Smält smöret på spisen, i en medelstor stekpanna på medelhög värme. Tillsätt löken, moroten och paprikan. Rör om för att kombinera. Koka i 6 till 8 minuter, tills löken är genomskinlig och moroten har mjuknat. Rör ner vitlöken. Koka i cirka 1 minut, tills mycket doftande. Ta av från värmen och ställ åt sidan.
d) Klä en brödform med bakplåtspapper. Drapera baconet i ett kors och tvärs mönster över brödformen och låt ändarna hänga över kanten.
e) I en stor skål, kombinera äggen, Worcestershire, peppar, salt, paprika, havre, barbecuesås och kokta grönsaker. Tillsätt mald chuck och italiensk korv. Arbeta ihop ingredienserna för hand tills de precis är blandade (undvik överblandning).
f) Blötlägg en ek- eller cederplanka i vatten i minst 1 timme innan du planerar att grilla.

g) Förbered en medelvarm tvåzonseld i en kolgrill eller, helst om din grill är tillräckligt stor, en trezonseld med ett grillgaller över kolen.
h) Smält smöret på spisen, i en medelstor stekpanna på medelhög värme. Tillsätt löken, moroten och paprikan. Rör om för att kombinera.
i) Koka i 6 till 8 minuter, tills löken är genomskinlig och moroten har mjuknat. Rör ner vitlöken. Koka i cirka 1 minut, tills mycket doftande. Ta av från värmen och ställ åt sidan.
j) Klä en brödform med bakplåtspapper. Drapera baconet i ett kors och tvärs mönster över brödformen och låt ändarna hänga över kanten.
k) I en stor skål, kombinera äggen, Worcestershire, peppar, salt, paprika, havre, barbecuesås och kokta grönsaker. Tillsätt mald chuck och italiensk korv. Arbeta ihop ingredienserna för hand tills de precis är blandade (undvik överblandning).
l) (I detta skede kan du koka en sked av blandningen i en stekpanna efter smak och justera eventuella kryddor, om så önskas. Detta är ett valfritt steg men användbart om du vill veta hur din barbecuesås fungerar med receptet.)
m) Klappa köttfärsblandningen i din förberedda brödform och vik baconändarna över köttfärslimpan.
n) Förvärm plankan tills den börjar ryka. Ta på dig ett par värmesäkra handskar, vänd på plankan och lägg den rostade sidan ovanpå din brödform. Håll sedan i plankan och pannan så att de ligger tätt mot varandra, vänd på båda och placera dem på den indirekta värmesidan av grillen. Dra försiktigt av pannan från köttfärslimpan (använd bakplåtspappret för att hjälpa dig, om det behövs) och kassera bakplåten. Stäng grillens lock. Grilla i cirka 30 minuter, tills baconet är knaprigt och brunt i kanterna och köttfärslimpan har bildat en skorpa.
o) Pensla toppen av köttfärslimpan med mer barbecuesås och stäng grilllocket. Fortsätt att grilla i 20 till 30 minuter till tills en termometer som är avläst i mitten av köttfärslimpan når 155 °F (68 °C). (Om du har en eld med två zoner, rotera plankan 180 grader vid detta halvvägs för jämn matlagning.)
p) Låt köttfärslimpan vila i 10 minuter innan den skivas och serveras.

37.Persika Och Prosciutto Planked Pizza

INGREDIENSER:
- 1 pund (454 g) Hemlagad pizzadeg eller köpt pizzadeg
- 1 tsk olivolja
- 1 tsk balsamvinäger
- Kosher salt
- Malen svartpeppar
- 1 till 1½ persikor, urkärnade, halverade och skurna i ½-tums (1 cm) klyftor
- Olivolja matlagningsspray, för imma
- Grovmalet majsmjöl, för att pudra
- 2 koppar (230 g) strimlad mozzarellaost
- 6 tunna skivor prosciutto, riven i bitar
- ¼ rödlök, tunt skivad
- ½ kopp (75 g) smulad getost
- En handfull tunt skivad färsk basilika

INSTRUKTIONER:

a) Blötlägg två plankor av lönn eller al i vatten i minst 1 timme innan du planerar att grilla.

b) Ta den kylda pizzadegen till rumstemperatur i minst 30 minuter.

c) Förbered en medelvarm tvåzonseld i en kolgrill med ett grillgaller över kolen.

d) Vispa olivolja, vinäger och en nypa salt och peppar i en liten skål tills de är väl blandade. Tillsätt persiklyftorna och rör om för att täcka. Ställ åt sidan tills det behövs.

e) Dela degen på mitten och forma varje portion till en lång slät cylinder. Rulla varje cylinder till en rektangel ungefär lika stor som din planka (se tips). Pricka degen överallt med en gaffel och dimma ytan med matlagningsspray.

f) Förvärm den första plankan tills den börjar ryka. Vänd plankan och flytta den över indirekt värme. Pudra ytan med en näve majsmjöl (för att degen inte ska fastna). Lägg den första degen, med oljad sida nedåt, på plankan och spraya toppen med matlagningsspray. Stäng grillens lock. Grilla i 5 till 7 minuter tills de är lätt brynta och lite knapriga.

g) Arbeta snabbt och bred ut hälften av mozzarellan på skorpan (ända ut till kanterna), följt av hälften av vardera parmaskinka, lök, persikor och getost. Stäng grillens lock. Fortsätt grilla i 5 till 7 minuter, tills osten är gyllene och bubblig och påläggen är genomvärmda.

h) Garnera pizzan med basilika innan servering. Upprepa processen med den andra plankan för att göra den andra pizzan.

38.Grillade Hummersvansar Med Lemony Örtsmör

INGREDIENSER:
TILL ÖRTSMÖRET
- 8 matskedar (1 pinne, eller 112 g) smör, i rumstemperatur
- ¼ kopp (vikt varierar) hackade färska örter
- 2 msk (20 g) finhackad vitlök
- 1 tsk citronskal
- 1 tsk färsk citronsaft

FÖR HUMMARNA
- 4 (8-ounce, eller 225 g) hummerstjärtar
- Olivolja matlagningsspray, för imma
- Kosher salt
- Malen svartpeppar
- Citronklyftor, till servering

INSTRUKTIONER:
a) Förbered en medelhög ennivåeld i en kolgrill med ett grillgaller över kolen.
b) ATT GÖRA ÖrtSMÖRET: I en liten skål, använd en gaffel, mosa och rör om smör, örter, vitlök, citronskal och citronsaft tills det är väl blandat. Ställ åt sidan tills det behövs.
c) För att fjärila hummerstjärtarna:
d) 1. Lägg varje hummersvans med skalsidan uppåt på en skärbräda. Använd kraftiga kökssaxar , rada upp det nedre bladet precis under skalet och klipp på längden ner i mitten, och stanna vid botten av svansen. (Stjärtfenan ska förbli intakt.)
e) 2. Skär med en kniv längs samma linje för att dela köttet, stanna precis innan du skär hela vägen till botten.
f) 3. Vänd på hummersvansen och klipp ner de horisontella ryggarna i mitten av svansen med din sax. Om det finns små fenliknande ben (swimmerets) fästa, klipp av dem och kassera dem.
g) 4. Vänd på hummersvansen igen och bänd upp den som en bok för att separera och exponera köttet.
h) Spraya köttet med matlagningsspray och smaka av med salt och peppar. Lägg hummerstjärtarna, köttsidan nedåt, på gallret och stäng grilllocket. Grilla i 5 till 7 minuter tills de är lätt förkolnade.
i) Vänd hummerna på skalen och pensla fruktköttet generöst med det sammansatta smöret med cirka 2 matskedar (28 g) per hummer.
j) Stäng grilllocket och grilla i cirka 5 minuter, tills köttet är ogenomskinligt och fast vid beröring och en omedelbar avläsningstermometer insatt i hummern registrerar 135°F (57°C).
k) Servera hummerstjärtarna med citronklyftor vid sidan om.

39. Laddade Nachos På Grillen

INGREDIENSER:
- ½ kopp (68 g) inlagda Jalapeños
- 1 kopp (149 g) druvtomater
- 2 ax majs, shucked
- Olivolja matlagningsspray, för imma
- 1 (12 ounce, eller 340 g) påse tortillachips
- 2 koppar (225 g) strimlad skarp cheddarost
- 2 koppar (225 g) strimlad pepparjackost
- 1 (15-ounce eller 425 g) burk svarta bönor, sköljda och avrunna
- 1 avokado, urkärnad och skär i små tärningar
- 3 salladslökar, vita och gröna delar, tunt skivade
- ½ kopp (8 g) hackad färsk koriander
- Gräddfil, till garnering

INSTRUKTIONER:
a) Minst en dag innan du planerar att göra nachos, gör de inlagda jalapeños.
b) Förbered en medelvarm enplanseld i en kolgrill med ett grillgaller över kolen.
c) Trä upp tomaterna på spett. Dimma lätt tomaterna och majsen med matlagningsspray, lägg dem på gallret och stäng grilllocket. Grilla tills tomaterna mjuknat och fått lite blåsor, cirka 5 minuter, och majsen är förkolnad överallt och mjuk, cirka 15 minuter, vänd då och då. Överför till en skärbräda. Ta bort tomaterna från spetten och skär bort kärnorna från majsen.
d) Sätt ihop nachos på en halvplåt. Börja med att fördela tortillachipsen jämnt över pannan. Strö sedan hälften av vardera cheddar, pepparjacka, tomater, majs, bönor, avokado, inlagd jalapeños och salladslök över chipsen. Upprepa lagren igen med resterande toppings.
e) Lägg plåten på gallret och stäng grilllocket. Grilla i ca 5 minuter tills ostarna smält .
f) Strö koriandern över nachosna och strö med gräddfil innan servering.

ÖVRIGT

40. Vitlökig lax

INGREDIENSER:
- 2 matskedar (28 g) smör
- 6 vitlöksklyftor, hackade
- 2 matskedar (30 ml) torrt vitt vin
- 1 matsked (15 ml) färsk citronsaft
- Olivolja matlagningsspray, för att förbereda aluminiumfolien
- 1 (1½ till 2 pund, eller 681 till 908 g) sida av lax
- Kosher salt
- Malen svartpeppar
- 1 citron, halverad på tvären
- Finhackad färsk persilja, till garnering

INSTRUKTIONER:

a) Förbered en medelvarm enplanseld i en eldstad eller kolgrill med ett grillgaller över kolen.

b) Smält smöret på spisen, i en liten kastrull på medelvärme. Tillsätt vitlöken. Koka tills det doftar, 1 till 2 minuter. Rör ner vitt vin och citronsaft. Låt såsen sjuda, koka i 1 minut och ta av från värmen.

c) Mät upp ett ark kraftig aluminiumfolie (minst 18 tum, eller 45 cm, lång eller tillräckligt lång för att slå in laxen) och spraya lätt på ytan med matlagningsspray.

d) Torka laxen med hushållspapper och lägg den i mitten av det förberedda foliearket. Häll såsen jämnt över toppen och smaka av med salt och peppar. Vik och förslut folien till ett paket.

e) Lägg paketet på gallret. Grilla i 10 till 12 minuter, rotera paketet var 3:e till 5:e minut för jämn tillagning. (Beroende på tjockleken på din lax kan tillagningstiden variera med några minuter.) Överför foliepaketet till en plåt och var försiktig när du öppnar den, eftersom den blir full av ånga. Laxen är färdig när köttet lätt flagnar med en gaffel och en omedelbar termometer insatt i den tjockaste delen av köttet registrerar 120°F till 125°F (49°C till 52°C).

f) Dimma citronhalvorna lätt med matlagningsspray och lägg dem med snittsidan nedåt på gallret. Grilla i ca 5 minuter, tills kanterna är förkolnade. Pressa citronerna över laxen och garnera med ett stänk persilja. Servera laxfamiljen eller skär den i individuella portioner för plåtning.

41.Rökt korv, snapsbönor och potatis

INGREDIENSER:
- 1 pund (454 g) rökt andouillekorv, skuren i ½-tums (1 cm) skivor
- 1 pund (454 g) småpotatis, i fjärdedelar
- 8 ounce (225 g) snapsbönor, putsade och halverade
- 8 ounces (225 g) cremini -svampar, i fjärdedelar
- 1 gul lök, hackad
- 2 matskedar (30 ml) olivolja
- 4 teskedar (10 g) Cajun Creole Spice Blend (recept följer)
- Olivolja matlagningsspray, för att förbereda aluminiumfolien
- 4 matskedar (½ pinne, eller 56 g) smör, skuren i små klappar
- Handfull hackad färsk persilja, till garnering

INSTRUKTIONER:
a) Förbered en het enplanseld i en eldstad eller kolgrill med ett grillgaller över kolen.
b) I en stor skål kombinerar du korven, potatisen, bönorna, svampen och löken. Ringla över olivolja och strö kryddblandningen över. Kasta till beläggning.
c) Mät fyra ark kraftig aluminiumfolie (minst 14 tum eller 35 cm lång) och dimma ytan på varje ark med matlagningsspray.
d) Fördela korv-grönsaksblandningen jämnt mellan de förberedda foliearken, samla dem i en hög i mitten. Strö några smörklickar över varje hög och vik och förslut folien till paket.
e) Lägg paketen på gallret. Grilla i cirka 35 minuter, rotera paketen var 10:e minut för jämn tillagning. Överför foliepaketen till en plåt och var försiktig när du öppnar dem, eftersom de blir fulla av ånga. Grönsakerna är färdiga när potatisen lätt kan stickas hål med en gaffel.
f) Garnera varje paket med ett stänk persilja innan servering.

42. Brynta Rib-Eye biffar med örtbrädesås

INGREDIENSER:
TILL SÅSEN
- 1 schalottenlök, skivad
- ½ kopp (30 g) packad färsk persilja
- 2 matskedar (6 g) klippt färsk gräslök
- 4 timjankvistar, blad skalade
- 2 vitlöksklyftor, skivade
- Kosher salt
- Malen svartpeppar
- Olivolja, att ringla över

FÖR BIFFAR
- 2 (1 pund eller 454 g, 1 till 1½ tum eller 2 till 3,5 cm, tjocka) rib-eye biffar
- Kosher salt
- Malen svartpeppar

INSTRUKTIONER:
a) Förbered en het tvåzonseld i en eldstad med ett grillgaller över kolen.

ATT GÖRA SÅSEN:
b) I mitten av en stor skärbräda, samla schalottenlök, persilja, gräslök, timjanblad och vitlök. Finhacka dem tillsammans, använd din kniv för att skrapa och kombinera för att smälta smakerna. Strö över en rejäl nypa salt och peppar. Ringla över olivolja och rör om högen av aromater och örter med knivspetsen. Ställ åt sidan tills det behövs.

FÖR ATT GÖRA BIFFAR:
c) Smaksätt generöst biffarna på båda sidor med salt och peppar.
d) Ordna biffarna på direkt värme. Grilla ostört i 4 till 5 minuter. Håll ett öga på biffarna, eftersom fettet som droppar av kan orsaka blossar. Var beredd att flytta dem till den svalare sidan av grillen om det behövs. När lågorna slocknat, flytta tillbaka biffarna över direkt värme för att avsluta tillagningen.
e) Vänd biffarna och grilla i ytterligare 4 till 5 minuter, tills en termometer som är avläst i den tjockaste delen av köttet når 52 °C (125 °F) för medium-rare.

FÖR ATT FULLA SÅSEN:
f) Lägg över biffarna på skärbrädan och lägg dem ovanpå aromater och örter.
g) Låt vila i 5 minuter för att låta värmen intensifiera smakerna. Skiva steken mot säden. Använd en tång och släng biffarna med örtsåsen.
h) Dela i lika delar och servera.

43.Örtstekt kalkon med tranbärssås

INGREDIENSER:
- 12-15 pund (5,4-6,8 kg) hel kalkon, tinad om den är fryst
- ½ kopp osaltat smör, smält
- Färska örter (som rosmarin, timjan och salvia), hackade
- Salt och peppar
- Tranbärssås

INSTRUKTIONER:
a) Värm ugnen till 325°F (165°C).
b) Skölj kalkonen under kallt vatten och torka den torr med hushållspapper.
c) Lägg kalkonen på ett galler i en långpanna.
d) Blanda det smälta smöret, hackade örter, salt och peppar i en liten skål.
e) Pensla örtsmörblandningen över hela kalkonen, se till att den täcker jämnt.
f) instruktionerna för tillagningstid baserat på vikten på din kalkon. Det rekommenderas generellt att koka kalkonen i cirka 13-15 minuter per pund (30-35 minuter per kilogram). Använd en kötttermometer för att säkerställa att innertemperaturen i den tjockaste delen av kalkonen når 165°F (74°C).
g) När den är tillagad, ta ut kalkonen från ugnen och låt den vila i 20-30 minuter innan den skärs och serveras med tranbärssås.

44. Honungsglaserad skinka med ananaskompott

INGREDIENSER:
- 1 helt kokt skinka med ben (8-10 pund)
- 1 kopp honung
- ½ kopp farinsocker
- ¼ kopp dijonsenap
- 2 msk äppelcidervinäger
- Hela kryddnejlika till garnering
- Kryddad ananaskompott

INSTRUKTIONER:
a) Värm din ugn enligt förpackningens instruktioner för skinkan.
b) Lägg skinkan på ett galler i en stor långpanna.
c) I en liten kastrull, kombinera honung, farinsocker, dijonsenap och äppelcidervinäger. Värm blandningen på medelvärme, rör om tills ingredienserna är väl kombinerade och sockret har löst sig.
d) Skär ytan på skinkan i ett diamantmönster med en vass kniv.
e) Detta kommer att hjälpa glasyren att penetrera köttet.
f) Pensla ungefär hälften av glasyren över hela skinkans yta, se till att få in den i de skårade snitten.
g) Sätt in hela kryddnejlika i skinkan för extra smak och en dekorativ touch.
h) Baka skinkan i den förvärmda ugnen enligt anvisningarna på förpackningen, vanligtvis cirka 15-20 minuter per pund, eller tills innertemperaturen når 140 °F (60 °C).
i) Cirka 15 minuter innan skinkan är färdig, pensla den återstående glasyren över skinkans yta.
j) När den är tillagad, ta bort skinkan från ugnen och låt den vila några minuter innan du skär upp den.
k) Servera med kryddad ananaskompott.

TRÄDGÅRDSFÄRSKA SALADER

45. Grillad Panzanella

INGREDIENSER:
FÖR SALLAD
- 1 pund (454 g) blandade tomater
- 1 tsk kosher salt, plus mer för smaksättning
- 2 zucchini, halverade på längden
- 2 paprika, valfri färg eller en blandning, putsade, urkärnade och halverade på längden
- 1 klot aubergine, skär på tvären i 1-tums (2,5 cm) skivor
- 1 rödlök, skär på tvären i 1-tums (2,5 cm) skivor
- Olivolja matlagningsspray, för att förbereda grönsakerna
- Malen svartpeppar
- 1 limpa hantverksbröd, halverat horisontellt (som för en stor smörgås)
- ½ kopp (18 g) förpackade färska basilikablad, hackade

FÖR KLÄNINGEN
- ½ kopp (120 ml) olivolja
- 2 matskedar (18 g) kapris, avrunnen
- 2 vitlöksklyftor, hackade
- 2 matskedar (30 ml) rödvinsvinäger
- 1 matsked (15 g) dijonsenap
- ½ tsk kosher salt
- ¼ tesked mald svartpeppar

INSTRUKTIONER:
ATT GÖRA SALLAD:
a) Förbered en medelvarm enplanseld i en eldstad med ett grillgaller över kolen.

b) Halvera tomaterna (om du använder körsbärstomater) eller skär i ½-tums (1 cm) klyftor (om du använder skivade tomater). Lägg tomaterna i en skål som är tillräckligt stor för att rymma salladen. Blanda tomaterna med saltet. Avsätta.

c) Blanda zucchini, paprika, aubergine och rödlök med matlagningsspray. Krydda båda sidor med salt och peppar.

d) Ordna grönsakerna på gallret. Grilla i 4 till 6 minuter per sida, tills de är mjuka och lätt förkolnade. Ta bort varje grönsak när den är färdig och överför till en skärbräda.

e) Dimma båda sidorna av brödhalvorna med matlagningsspray. Lägg brödet på gallret. Grilla tills de är bruna och krispiga, 30 sekunder till 1 minut per sida.
f) Hacka de grillade grönsakerna i lagom stora bitar och lägg dem i skålen med tomater.
g) Skär brödet i 1-tums (2,5 cm) bitar. Tillsätt 6 råga koppar (225 g) bröd tillsammans med basilikan i skålen och blanda ihop. (Reservera eventuellt kvarvarande bröd för annan användning.)

ATT GÖRA DRESSINGEN:
h) I en liten skål, vispa olivolja, kapris, vitlök, vinäger, senap, salt och peppar tills det är väl blandat. Häll tre fjärdedelar av dressingen över salladen och rör om.
i) Låt salladen sitta i minst 15 minuter för att brödet ska suga upp alla smaker från dressingen och grönsakerna. Smaka av och tillsätt mer dressing om så önskas.

46.Rostad kikärts- och granatäppelrissallad

INGREDIENSER:
- 1 x 400g burk kikärter, avrunna
- Lätt matlagningssprayolja, olivolja
- 150g vildris med basmati eller långkornigt ris
- 1 tsk malen spiskummin
- 120g blandade salladsblad
- 20 cm gurka, tärnad
- 1 röd eller gul paprika, skivad
- 4 vårlökar, fint skivade
- 80 g granatäpplekärnor

FÖR KLÄNINGEN:
- 4 matskedar vitvinsvinäger
- 2 matskedar olivolja
- ½ apelsin, endast juice

INSTRUKTIONER:
a) Värm ugnen till 210°C/fläkt 190°C.
b) För att göra de rostade kikärtorna, skölj kikärtorna under kallt rinnande vatten. Klappa dem torra med en ren kökshandduk eller hushållspapper. Fördela dem sedan jämnt över en klädd ugnsplåt och bestryk med sprayolja. Kasta försiktigt för att säkerställa att de är jämnt belagda, innan de rostas i 20–30 minuter – kasta försiktigt igen efter 10 minuter för att tillaga jämnt.
c) Koka under tiden riset enligt anvisningarna på förpackningen – du behöver inte tillsätta salt i kokvattnet. Låt rinna av och låt svalna innan du sätter ihop salladen.
d) När kikärtorna är gyllene och lite krispiga, ta ut dem från ugnen, strö över den malda spiskumminen och rör om.
e) ingredienserna till dressingen i en tättslutande gryta som en Tupperware-gryta eller syltburk. Sätt på locket ordentligt och skaka kraftigt.
f) Blanda salladsbladen med riset och de andra grönsakerna. Tillsätt sedan dressingen och blanda igen.
g) Toppa med de rostade kikärtorna och granatäpplet och servera.

47. Medelhavsquinoasallad

INGREDIENSER:

- 2 koppar kokt quinoa, kyld
- 1 dl körsbärstomater, halverade
- 1 dl gurka, tärnad
- 1/2 dl rödlök, finhackad
- 1/2 kopp Kalamata oliver, urkärnade och skivade
- 1/2 dl smulad fetaost
- 1/4 kopp färsk persilja, hackad
- 3 matskedar olivolja
- 1 msk citronsaft
- Salta och peppra efter smak

INSTRUKTIONER:

a) Kombinera den kokta quinoan, körsbärstomaterna, gurkan, rödlöken, Kalamata-oliverna och smulad fetaost i en stor skål.

b) I en liten skål, vispa ihop olivolja, citronsaft, salt och peppar för att göra dressingen.

c) Häll dressingen över salladen och rör tills allt är väl täckt.

d) Garnera med färsk persilja innan servering.

48.Persika och Burrata sallad

INGREDIENSER:
- 4 mogna persikor, skivade
- 8 oz burrata ost
- En näve ruccola eller blandat grönt
- 1/4 kopp basilikablad, rivna
- 2 matskedar olivolja
- 1 msk balsamicoglasyr
- Salta och nymalen svartpeppar efter smak
- Valfritt: rostade pinjenötter eller mandel för crunch

INSTRUKTIONER:

a) Ordna ruccolan eller de blandade grönsakerna på ett stort serveringsfat.
b) Fördela de skivade persikorna över det gröna.
c) Riv burratan i bitar och fördela den över salladen.
d) Ringla över olivolja och balsamicoglasyr.
e) Krydda med salt och peppar.
f) Garnera med trasiga basilikablad och, om så önskas, ett stänk av rostade nötter för extra konsistens.
g) Servera omedelbart och njut av den krämiga friskheten av burrata med de söta persikorna.

49.Vattenmelon, fetaost och mynta sallad

INGREDIENSER:
- 4 koppar vattenmelon i tärningar, kyld
- 1 dl fetaost, smulad
- 1/2 kopp färska myntablad, grovt rivna
- 2 matskedar olivolja
- 1 msk limejuice
- Salta och knäckt svartpeppar efter smak
- Valfritt: tunt skivad rödlök eller gurka för extra crunch

INSTRUKTIONER:
a) I en stor skål, kombinera den tärnade vattenmelonen, smulad fetaost och rivna myntablad.
b) Ringla över olivolja och limejuice , blanda försiktigt för att täcka.
c) Krydda med salt och peppar efter smak.
d) Om du använder, lägg till den skivade rödlöken eller gurkan för ytterligare textur och smak.
e) Kyl tills den ska serveras. Denna sallad avnjuts bäst kall och erbjuder en uppfriskande och återfuktande sida perfekt för varma dagar.

AL FRESCO SIDOR

50. Tofu i kinesisk stil i salladswraps

INGREDIENSER:
- 1 vitlöksklyfta, fint tärnad
- 2 cm rot ingefära, skalad och riven
- 4 matskedar hoisinsås
- 2 matskedar sojasås med reducerad salthalt
- 2 msk risvinsvinäger
- 2 tsk limejuice
- 450 g tofu, pressad (vid behov)
- 1 x 225g burk vattenkastanjer, avrunna och finhackade
- 2 röda paprikor, fint tärnade
- 4 vårlökar, fint skivade
- Lätt matlagningssprayolja
- 12 ytterblad från liten ädelstenssallat, tvättad

INSTRUKTIONER:

a) För att göra marinaden, tillsätt vitlök, ingefära, hoisinsås, sojasås, vinäger och limejuice i en stor skål och blanda.

b) Tärna tofun och lägg i marinaden med kastanjer, röd paprika och vårlök. Rör om för att täcka ordentligt. Täck över och ställ i kylen i minst 1 timme.

c) Täck en stor panna i sprayolja och värm över hög värme. Överför den marinerade tofun och grönsakerna till pannan och rör om kontinuerligt i cirka 6–8 minuter, eller tills paprikan är mjuk.

d) Lägg en sked av tofun och grönsakerna i mitten av varje salladsblad och servera.

51. Inlagda Jalapeños

INGREDIENSER:

- ½ kopp (120 ml) destillerad vit vinäger
- ½ kopp (120 ml) vatten
- 2 matskedar (25 g) socker
- 1 matsked (18 g) koshersalt
- 1 vitlöksklyfta, tunt skivad
- ½ tsk torkad oregano
- 1½ koppar (135 g) skivad jalapeñopeppar

INSTRUKTIONER:

a) I en liten kastrull över medelhög värme, kombinera vinäger, vatten, socker, salt, vitlök och oregano. Koka upp saltlaken och rör om tills sockret och saltet lösts upp. Ta bort från värmen.

b) Packa en burk i en pintstorlek (480 ml) med jalapeños. Häll i saltlaken för att fylla burken. Använd en sked och tryck ner jalapeñosna för att sänka ner dem i saltlaken.

c) Kör försiktigt en kniv runt burkens insida för att släppa ut eventuella luftbubblor.

d) Förslut burken med lock och ställ i kylen över natten så att smakerna kan utvecklas. De inlagda jalapeñosna håller sig kylda i upp till 3 månader.

52. Sötpotatis Med Sriracha -Maple Glaze

INGREDIENSER:
- Olivolja matlagningsspray, för att förbereda aluminiumfolien
- 3 sötpotatisar (cirka 1½ pund, eller 681 g), skurna i 1-tums (2,5 cm) bitar
- Kosher salt
- 2 matskedar (28 g) smör, skuret i små klappar
- 2 matskedar (30 ml) lönnsirap
- 2 tsk sriracha
- ⅓ kopp (37 g) hackade valnötter

INSTRUKTIONER:
a) Förbered en medelvarm enplanseld i en kolgrill eller eldstad med ett grillgaller över kolen.
b) Mät två ark kraftig aluminiumfolie (minst 16 tum eller 40 cm lång) och spraya lätt ytan med matlagningsspray.
c) Fördela sötpotatisen mellan de två förberedda arken, placera dem i mitten. Blanda sötpotatisen med matlagningsspray, smaka av med salt och strö smöret över toppen. Vik och förslut folien till paket.
d) Lägg paketen på gallret. Grilla i 20 till 25 minuter, tills sötpotatisen är mjuk, rotera paketen var 5:e till 10:e minut för jämn matlagning.
e) Under tiden, i en liten skål, rör ihop lönnsirap och sriracha tills det är kombinerat.
f) Överför foliepaketen till en plåt och var försiktig när du öppnar dem, eftersom de blir fulla av ånga. Ringla lönnsirapsblandningen över sötpotatisen, strö över valnötterna och rör försiktigt för att täcka.

53. Vitlökssmör Gnocchi Och Svamp

INGREDIENSER:
- 20 uns (569 g) färsk gnocchi
- 12 ounces (340 g) cremini -svampar, i fjärdedelar
- Olivolja, att ringla över
- 4 vitlöksklyftor, hackade
- 1 tsk kosher salt
- ½ tsk röd paprikaflingor
- ¼ tesked mald svartpeppar
- Olivolja matlagningsspray, för att förbereda aluminiumfolien
- 1 kopp (240 ml) kycklingbuljong eller ½ kopp (120 ml) kycklingbuljong och ½ kopp (120 ml) torrt vitt vin
- 4 matskedar (½ pinne, eller 56 g) smör, skuren i klappar
- Finhackad färsk persilja, till garnering

INSTRUKTIONER:
a) Förbered en het enplanseld i en eldstad eller kolgrill med ett grillgaller över kolen.
b) Kombinera gnocchin och svampen i en stor skål. Ringla rikligt med olivolja. Tillsätt vitlök, salt, rödpepparflingor och svartpeppar och rör tills det är täckt.
c) Mät fyra ark kraftig aluminiumfolie (minst 14 tum eller 35 cm lång) och spraya ytan på varje ark med matlagningsspray.
d) Lägg en lika stor del av gnocchi- och svampblandningen i mitten av varje förberedd folieark. Vik alla fyra sidorna uppåt på varje ark (som om du skulle göra en skål) och häll ¼ kopp (60 ml) kycklingbuljong i varje paket. Strö några smörklickar över toppen av varje och vik och förslut folien till paket.
e) Lägg paketen på gallret. Grilla i cirka 15 minuter, rotera var 5:e minut för jämn tillagning. Överför foliepaketen till en plåt och var försiktig när du öppnar dem, eftersom de blir fulla av ånga.

54. Cedar-Planked Fyllda tomater

INGREDIENSER:

- 8 mogna men fasta tomater (cirka 4 ounces, eller 115 g vardera, eller 2 pund, eller 908 g totalt), helst med stjälkar fästa
- ½ kopp (25 g) fina färska brödsmulor, från dagsgamla bröd
- ½ kopp (60 g) riven Gruyère- ost, plus mer att strö över
- ½ kopp (35 g) finhackad cremini -svamp
- ½ kopp (80 g) finhackad schalottenlök
- 2 matskedar (8 g) finhackad färsk persilja
- 2 matskedar (5 g) finhackad färsk basilika
- 2 vitlöksklyftor, hackade
- 1 tsk finhackad färsk timjan
- ½ tsk kosher salt
- ¼ tesked mald svartpeppar
- 2 matskedar (30 ml) olivolja, plus mer för duggregn

INSTRUKTIONER:

a) Blötlägg en cederplanka i vatten i minst 1 timme innan du planerar att grilla.

b) Förbered en medelvarm tvåzonseld i en kolgrill med ett grillgaller över kolen.

c) Använd en skalkniv, skär av den översta ½ tum (1 cm) från varje tomat, reservera toppen och skär ut kärnan. Använd en sked och ös ut inälvorna, lämna ett ½-tum (1 cm) tjockt skal. Spara juicer, frön och kött för att göra marinarasåsen på den här sidan, eller kassera. Lägg tomaterna (med tillhörande toppar) på en plåt och ställ åt sidan.

d) I en medelstor skål, rör ihop brödsmulor, Gruyère , svamp, schalottenlök, persilja, basilika, vitlök, timjan, salt, peppar och olivolja. Fyll varje tomat med 3 till 4 matskedar (18 till 24 g) av brödsmulsblandningen och toppa med ett stänk av Gruyère . Lägg tillbaka topparna på tomaterna, som små hattar, och ringla över olivolja.

e) Förvärm plankan tills den börjar ryka. Vänd på plankan och flytta den till indirekt värme. Lägg tomaterna på plankan och stäng grilllocket. Grilla i cirka 30 minuter tills tomaterna är mjuka, fyllningen är gyllenbrun och osten smält .

SÖTA GOTT

55. Grillade Päron Med Kanel Crème Fraîche

INGREDIENSER:
- 2 matskedar honung
- 2 tsk mald kanel
- 1 kopp (227 g) crème fraîche
- 4 päron, halverade och kärnade ur

INSTRUKTIONER:

a) Förbered en grill på medelhög värme.

b) Rör under tiden ner honung och kanel i crème fraichen (rätt i behållaren för enkel rengöring) tills de är väl blandade.

c) Lägg päronen på grillen och koka i 3 till 5 minuter, vänd en gång, tills päronen mjuknat med bra grillmärken.

d) Servera varje päron med en klick av den sötade crème fraichen .

56. Frozen Yoghurt Berry Popsicles

INGREDIENSER:
- 1 dl grekisk yoghurt
- 1 kopp blandade bär (som jordgubbar, blåbär och hallon)
- 2 matskedar honung
- Popsicle formar

INSTRUKTIONER:
a) I en mixer, kombinera grekisk yoghurt, blandade bär och honung.
b) Mixa tills det är slätt.
c) Häll blandningen i popsikelformar .
d) Sätt i popsikelstavar i varje form.
e) Frys in i minst 4 timmar eller tills den är helt stel.
f) Ta bort isglassarna från formarna och njut av dessa frysta godsaker vid poolen.

57.Söta karamelliserade fikon och persikor

INGREDIENSER:

- 2 matskedar smör
- 2 matskedar packat farinsocker
- 4 medelstora fikon, halverade på längden
- 2 medelstora persikor, urkärnade och skivade

INSTRUKTIONER:

a) Smält smöret i en liten kastrull på medelvärme. Tillsätt sockret och rör om tills blandningen blir skummande och gyllenbrun, cirka 2 minuter.

b) Tillsätt fikonen och persikorna och rör om för att täcka. Koka tills frukterna börjar mjukna och släpper saften, cirka 3 minuter, rör om då och då.

c) Dela frukten mellan serveringsfat, skeda glasyren över frukterna.

58.Planked Päron Med Gorgonzola Och Honung

INGREDIENSER:
- 1 matsked (14 g) smör, i rumstemperatur
- 1 matsked (20 g) honung
- 2 päron, halverade på längden och kärnade ur (se anmärkning)
- ¼ kopp (30 g) smulad gorgonzolaost

INSTRUKTIONER:

a) Blötlägg en cederplanka i vatten i minst 1 timme innan du planerar att grilla.

b) Förbered en medelvarm tvåzonseld i en kolgrill med ett grillgaller över kolen.

c) I en liten skål, rör ihop smör och honung tills det är väl blandat. Pensla de skurna sidorna av päronen generöst med smörblandningen och strö gorgonzolan ovanpå.

d) Förvärm plankan tills den börjar ryka. Vänd på plankan och flytta den till indirekt värme. Ordna päronen på plankan och stäng grilllocket. Rosta i cirka 25 minuter, tills päronen är mjuka och svedda runt kanterna.

59.Småkakor

INGREDIENSER:
- 2 ¼ koppar universalmjöl
- ½ tesked bakpulver
- ½ tsk salt
- 1 kopp osaltat smör, mjukat
- ¾ kopp strösocker
- ¾ kopp packat farinsocker
- 2 stora ägg
- 1 tsk vaniljextrakt
- Valfritt: Matfärgning, ätbara blommor eller dekorativa strössel för trädgårdstema

INSTRUKTIONER:
a) Värm ugnen till 350°F (175°C). Klä bakplåtar med bakplåtspapper.
b) I en medelstor skål, vispa ihop mjöl, bakpulver och salt. Avsätta.
c) I en stor skål, grädda ihop det mjukade smöret, strösockret och farinsockret tills det är ljust och fluffigt.
d) Vispa i äggen ett i taget och rör sedan ner vaniljextraktet.
e) Tillsätt gradvis de torra ingredienserna till de våta ingredienserna, blanda tills de precis blandas. Blanda inte för mycket.
f) Om så önskas, dela kakdegen i portioner och tillsätt matfärg till varje portion, blanda tills färgen är jämnt fördelad.
g) Släpp rundade matskedar kakdeg på de förberedda bakplåtarna, håll dem cirka 2 tum från varandra.
h) Om så önskas, tryck försiktigt på ätbara blommor på kakornas yta eller strö dekorativa strössel ovanpå för att förstärka temat.
i) Grädda kakorna i den förvärmda ugnen i 10-12 minuter, eller tills kanterna är lätt gyllene. Mitten kan fortfarande verka något mjuka, men de kommer att stelna när de svalnar.
j) Ta ut bakplåtarna från ugnen och låt kakorna svalna på plåtarna i 5 minuter. Lägg sedan över dem på galler för att svalna helt.
k) När de har svalnat, servera kakorna på ett fat eller packa dem i dekorativa lådor eller påsar så att gästerna kan njuta av dem.

60.Glassglass

INGREDIENSER:
- Blandade smaker av glass
- Olika pålägg (t.ex. chokladsås, kolasås, strössel, nötter, vispgrädde, körsbär)

INSTRUKTIONER:
a) Häll dina val av glasssmaker i skålar eller strutar.
b) Sätt upp en toppingsstation med olika skålar som innehåller olika toppings.
c) Låt gästerna skapa sina glassglassar genom att lägga till önskade pålägg.

61. Ananas upp och ner tårta

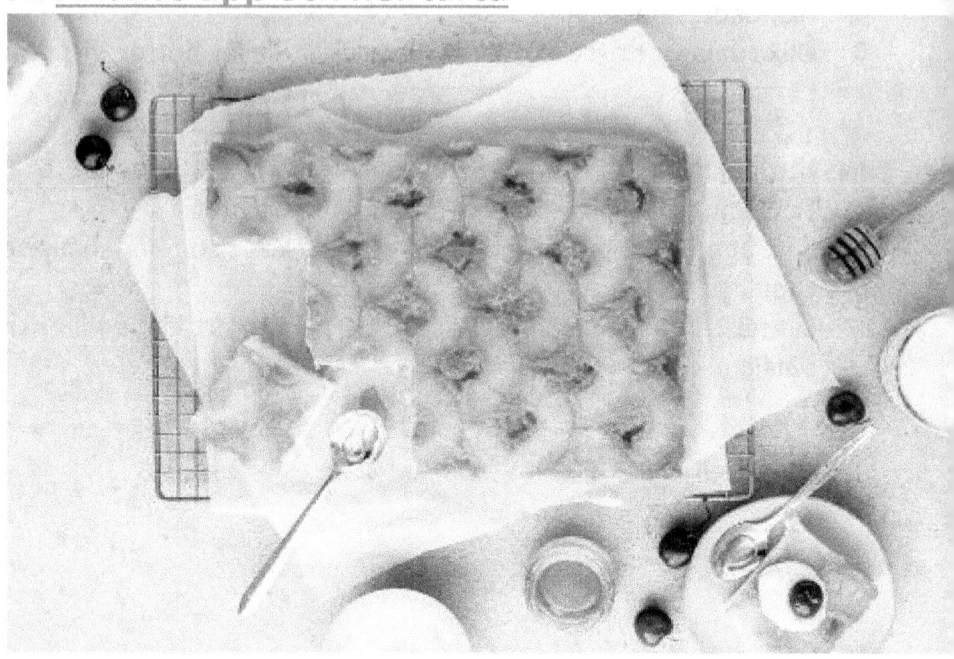

INGREDIENSER:
- ½ kopp osaltat smör
- 1 kopp packat farinsocker
- 1 burk (20 uns) ananasskivor, avrunna
- Maraschino körsbär, för topping (valfritt)
- 1 ½ dl universalmjöl
- 1 ½ tsk bakpulver
- ¼ tesked salt
- ¾ kopp strösocker
- ½ kopp mjölk
- ¼ kopp ananasjuice (reserverad från den konserverade ananasen)
- 2 tsk vaniljextrakt
- 2 stora ägg

INSTRUKTIONER:
a) Värm ugnen till 350°F (175°C).
b) Smält smöret i en 9-tums rund kakform eller en gjutjärnspanna på låg värme.
c) Strö farinsockret jämnt över det smälta smöret.
d) Ordna ananasskivorna ovanpå farinsockret, lägg ett maraschinokörsbär i mitten av varje ananasskiva om så önskas.
e) I en medelstor skål, vispa ihop mjöl, bakpulver och salt.
f) I en separat stor skål, vispa ihop strösocker, mjölk, ananasjuice, vaniljextrakt och ägg tills det är väl kombinerat.
g) Tillsätt gradvis de torra ingredienserna till de våta ingredienserna, blanda tills de precis blandas.
h) Häll smeten över ananasskivorna i kakformen, fördela den jämnt.
i) Grädda i den förvärmda ugnen i cirka 40-45 minuter, eller tills en tandpetare som sticks in i mitten av kakan kommer ut ren.
j) Ta ut kakan från ugnen och låt den svalna i formen i 10 minuter.
k) Lägg ett serveringsfat upp och ner ovanpå kakformen och vänd försiktigt upp kakan på tallriken.
l) Lyft av pannan och avslöja ananastoppen.
m) Låt kakan svalna helt innan servering.

62. Kokosmakron

INGREDIENSER:
- 3 koppar riven kokos (sötad eller osötad)
- ¾ kopp sötad kondenserad mjölk
- 2 tsk vaniljextrakt
- 2 stora äggvitor
- Nypa salt
- Valfritt: Choklad för duppning eller doppning (smält)

INSTRUKTIONER:
a) Värm ugnen till 325°F (160°C) och klä en plåt med bakplåtspapper.
b) I en stor skål, kombinera den strimlade kokosnöten, sötad kondenserad mjölk och vaniljextrakt. Blanda tills det är väl blandat.
c) Vispa äggvitan och salt i en separat skål tills det bildas styva toppar.
d) Vänd försiktigt ner den vispade äggvitan i kokosblandningen tills den är jämn.
e) Använd en matsked eller en kakskopa och släpp avrundade högar av blandningen på den förberedda bakplåten, håll dem isär.
f) Grädda i den förvärmda ugnen i ca 18-20 minuter, eller tills makronerna är gyllenbruna i kanterna.
g) Ta ut makronerna från ugnen och låt dem svalna på plåten i några minuter.
h) Valfritt: Om så önskas, smält lite choklad och ringla den över de avsvalnade makronerna eller doppa botten på makronerna i smält choklad.
i) Låt chokladen stelna innan servering.

63.Choklad chiffong tårta

INGREDIENSER:
- 1 ¾ koppar universalmjöl
- 1 ½ koppar strösocker
- ¾ kopp osötat kakaopulver
- 1 ½ tsk bakpulver
- 1 tsk bakpulver
- ½ tsk salt
- ½ kopp vegetabilisk olja
- 7 stora ägg, separerade
- 1 kopp vatten
- 1 tsk vaniljextrakt
- ½ tsk grädde av tandsten

FÖR FROSTNING AV HOKLADVISP:
- 2 koppar tung grädde, kall
- ½ kopp strösocker
- ¼ kopp osötat kakaopulver
- 1 tsk vaniljextrakt

VALFRI GARNERING:
- Chokladspån
- Färska bär

INSTRUKTIONER:
FÖR CHOKLAD CHIFFONG TAKAN:
a) Värm ugnen till 170°C (340°F) och smörj och mjöl en 10-tums rörform.
b) I en stor bunke, vispa ihop mjöl, strösocker, kakaopulver, bakpulver, bakpulver och salt.
c) Gör en brunn i mitten av de torra ingredienserna och tillsätt vegetabilisk olja, äggulor, vatten och vaniljextrakt. Vispa tills den är slät och väl kombinerad.
d) I en separat skål, vispa äggvitan och grädden av tartar med en elektrisk mixer tills det bildas styva toppar.
e) Vänd försiktigt ner den vispade äggvitan i chokladsmeten, var försiktig så att du inte överblandar.
f) Häll smeten i den förberedda rörformen och jämna till toppen med en spatel.

g) Grädda i den förvärmda ugnen i cirka 45-50 minuter eller tills en tandpetare som sticks in i mitten av kakan kommer ut ren.
h) Ta ut kakan från ugnen och vänd upp formen på ett galler för att svalna helt. Detta hjälper kakan att behålla sin höjd och förhindrar att den kollapsar.

FÖR FROSTNING AV HOKLADVISP:
i) Vispa grädden, strösockret, kakaopulver och vaniljextrakt i en kyld blandningsskål tills det bildas styva toppar.
j) Var noga med att inte vispa för mycket, eftersom det kan förvandla grädden till smör.

HOPSÄTTNING:
k) När chokladchiffongkakan har svalnat helt, kör en kniv runt kanterna på formen för att lossa kakan. Ta ut den från pannan och lägg den på ett serveringsfat.
l) Fördela chokladvispad gräddfrosting över toppen och sidorna av kakan, använd en spatel för att skapa ett slätt och jämnt lager.
m) Valfritt: Garnera tårtan med chokladspån och färska bär för en extra touch av elegans.
n) Skiva och servera chokladchiffongkakan och njut av dess lätta och chokladiga godhet.

64.Klassisk pumpapaj

INGREDIENSER:
- 1 ½ dl pumpapuré på burk
- ¾ kopp strösocker
- ½ tsk salt
- 1 tsk mald kanel
- ½ tesked mald ingefära
- ¼ tesked mald kryddnejlika
- 2 stora ägg
- 1 burk (12 uns) avdunstad mjölk
- 1 obakad 9-tums pajskal

INSTRUKTIONER:
a) Värm ugnen till 425°F (220°C).
b) Kombinera pumpapurén, strösocker, salt, kanel, ingefära, kryddnejlika, ägg och evaporerad mjölk i en blandningsskål. Blanda väl tills det är slätt.
c) Häll pumpablandningen i det obräddade pajskalet och fördela det jämnt.
d) Lägg pajen på en plåt och överför den till den förvärmda ugnen.
e) Grädda i 15 minuter vid 425°F (220°C).
f) Sänk ugnstemperaturen till 350°F (175°C) och fortsätt grädda i ytterligare 40-50 minuter eller tills mitten är fast och en tandpetare som sticks in i fyllningen kommer ut ren.
g) Ta ut pajen från ugnen och låt den svalna helt på galler.
h) När den har svalnat, kyl pajen i minst 2 timmar innan servering.

65. Pepparkakor

INGREDIENSER:
- 3 koppar universalmjöl
- 1 tsk bakpulver
- ¼ tesked salt
- 2 tsk mald ingefära
- 1 ½ tsk mald kanel
- ½ tsk mald kryddnejlika
- ½ kopp osaltat smör, mjukat
- ½ kopp packat farinsocker
- ½ kopp melass
- 1 stort ägg
- 1 tsk vaniljextrakt

INSTRUKTIONER:

a) I en medelstor skål, vispa ihop mjöl, bakpulver, salt, ingefära, kanel och kryddnejlika. Avsätta.
b) I en stor bunke, grädda ihop det mjuka smöret och farinsockret tills det är ljust och fluffigt.
c) Tillsätt melass, ägg och vaniljextrakt till smörblandningen. Vispa tills det är väl blandat.
d) Tillsätt gradvis de torra ingredienserna till de våta ingredienserna, blanda väl efter varje tillsats tills en deg bildas.
e) Dela degen på mitten och forma varje halva till en skiva. Slå in dem i plastfolie och ställ i kylen i minst 1 timme.
f) Värm ugnen till 350°F (175°C) och klä bakplåtarna med bakplåtspapper.
g) På en lätt mjölad yta, kavla ut en skiva med deg till cirka ¼ tum tjocklek.
h) Använd kakformar för att skära ut former från den rullade degen och överför dem till de förberedda bakplåtarna, lämna lite utrymme mellan varje kaka.
i) Samla ihop resterna, rulla om degen och fortsätt skära ut kakor tills all deg är förbrukad.
j) Grädda kakorna i den förvärmda ugnen i 8-10 minuter eller tills kanterna är lätt gyllene.
k) Ta ut bakplåtarna ur ugnen och låt kakorna svalna på plåtarna i några minuter innan du överför dem till galler för att svalna helt.
l) När kakorna har svalnat helt kan du dekorera dem med glasyr, strössel eller andra önskade dekorationer.

66.Födelsedagstårta

INGREDIENSER:

- 55 g smör, i rumstemperatur [4 matskedar (½ pinne)]
- 60 g grönsaksfett [⅓ kopp]
- 250 g strösocker [1¼ koppar]
- 50 g ljust farinsocker [3 matskedar tätt packat]
- 3 ägg
- 110 g kärnmjölk [½ kopp]
- 65 g druvkärneolja [⅓ kopp]
- 8 g klart vaniljextrakt [2 teskedar]
- 245 g kakmjöl [2 koppar]
- 6 g bakpulver [1½ tsk]
- 3 g kosher salt [¾ tesked]
- 50 g regnbågsströssel [¼ kopp]
- Pam eller annan nonstick matlagningsspray (valfritt)
- 25 g regnbågsströssel [2 matskedar]

INSTRUKTIONER:

a) Värm ugnen till 350°F.
b) Kombinera smör, matfett och sockerarter i skålen på en stavmixer utrustad med paddeltillbehör och grädde tillsammans på medelhögt i 2 till 3 minuter. Skrapa ner sidorna av skålen, tillsätt äggen och blanda på medium-hög i 2 till 3 minuter. Skrapa ner sidorna av skålen en gång till.
c) På låg hastighet, häll i kärnmjölken, oljan och vaniljen. Öka mixerhastigheten till medelhög och paddla i 4 till 6 minuter, tills blandningen är praktiskt taget vit, dubbelt så stor som din ursprungliga fluffiga smör-och-sockerblandning och helt homogen.
d) På mycket låg hastighet, tillsätt kakmjölet, bakpulvret, saltet och 50 g (¼ kopp) regnbågsströssel. Blanda i 45 till 60 sekunder, bara tills din smet går ihop. Skrapa ner skålens sidor.
e) Pam-spraya en kvarts plåt och klä den med bakplåtspapper, eller bara fodra formen med en Silpat. Bred ut kaksmeten i ett jämnt lager i formen med hjälp av en spatel . Strö de återstående 25 g (2 matskedar) regnbågsströssel jämnt ovanpå smeten.

f) Grädda kakan i 30 till 35 minuter. Kakan kommer att jäsa och svälla, fördubblas i storlek, men förblir något smörig och tät. Låt kakan stå i ugnen i ytterligare 3 till 5 minuter om den inte klarar dessa tester.
g) Ta ut kakan ur ugnen och kyl den på galler.

CHARCUTERI RECEPT

67.Klassisk charkbräda

INGREDIENSER:
- Diverse charkuterier (såsom prosciutto, salami och coppa)
- Olika ostar (som cheddar, brie och ädelost)
- Oliver och pickles
- Blandade kex och bröd
- Färsk frukt (druvor, fikon och bär)
- Nötter (mandel, valnötter och cashewnötter)
- Dips (hummus, senap och chutney)

INSTRUKTIONER:
a) Ordna en stor träskiva eller tallrik.
b) Rulla eller vik ihop köttfärsen och lägg dem på brädan.
c) Skär ostarna i lagom stora bitar och lägg dem på brädan.
d) Lägg till oliver, pickles och dips på brädan.
e) Fyll tomma utrymmen med kex, bröd, färsk frukt och nötter.
f) Servera och njut!

68.Medelhavsmezze tallrik

INGREDIENSER:
- Hummus
- Tzatzikisås
- Baba ghanoush
- Pitabröd eller pitabröd
- Falafelbollar
- Vindruvsblad
- körsbärstomater
- Gurka skivor
- Kalamata oliver
- Fetaost
- Olivolja och citronklyftor (för duppning)

INSTRUKTIONER:
a) Ordna en tallrik eller bricka.
b) Placera skålar med hummus, tzatzikisås och baba ghanoush på tallriken.
c) Lägg på pitabröd eller pitabröd runt skålarna.
d) Ordna falafelbollar, vindruvsblad, körsbärstomater, gurkskivor och Kalamata-oliver på fatet.
e) Smula fetaost på toppen.
f) Ringla olivolja och pressa citronklyftor över tallriken.
g) Servera och njut!

69.Italiensk Antipasto tallrik

INGREDIENSER:
- Skivad prosciutto
- Skivad Soppressata
- Skivad mortadella
- Marinerade kronärtskockshjärtan
- Marinerad rostad röd paprika
- Soltorkade tomater
- Bocconcini (små mozzarellabollar)
- Brödpinnar
- Grissini (brödpinnar inslagna i prosciutto)
- Parmesanostspån
- Balsamicoglasyr (för duggregn)

INSTRUKTIONER:
a) Ordna en tallrik eller tavla.
b) Lägg det skivade köttet på tallriken, rulla ihop dem om så önskas.
c) Lägg till marinerade kronärtskockshjärtan, rostad röd paprika och soltorkade tomater på tallriken.
d) Lägg bocconcini och brödpinnar på fatet.
e) Strö parmesanostspån över tallriken.
f) Ringla balsamicoglasyr över ingredienserna.
g) Servera och njut!

70.Asiatiskt inspirerad charkfat

INGREDIENSER:
- Skivad stekt fläsk eller kinesiskt grillfläsk
- Skivad stekt anka
- Skivad skinka
- Korv i asiatisk stil
- Soja sås
- Hoisin sås
- Inlagda grönsaker (morötter, daikon och gurka)
- Ångkokta bullar eller salladsblad
- Sriracha eller chilisås (valfritt)

INSTRUKTIONER:
a) Ordna en tallrik eller bricka.
b) Lägg det skivade köttet på tallriken.
c) Servera soja och hoisinsås i små skålar för doppning.
d) Ordna inlagda grönsaker på fatet.
e) Servera ångade bullar eller salladsblad vid sidan av.
f) Alternativt, ge Sriracha eller chilisås för extra krydda.
g) Servera och njut!

71. Franskinspirerade charkuterier

INGREDIENSER:

- Diverse charkuterier (som saucisson , jambon de Bayonne, paté eller rillettes)
- Franska ostar (som Brie, Camembert, Roquefort eller Comté)
- Baguetteskivor eller franskbröd
- Cornichons (små pickles)
- Dijon senap
- Oliver (som Niçoise eller Picholine)
- Vindruvor eller skivade fikon
- Valnötter eller mandel
- Färska örter (som persilja eller timjan) till garnering

INSTRUKTIONER:

a) Välj en stor träskiva eller tallrik för att ordna dina franskinspirerade charkuterier.
b) Börja med att lägga upp charkarna på tavlan. Rulla eller vik dem och lägg dem i ett tilltalande mönster.
c) Skär den franska osten i skivor eller klyftor och lägg dem vid sidan av köttfärsen.
d) Lägg till en bunt baguetteskivor eller franskbröd på brädan, vilket ger ett klassiskt tillbehör till köttet och ostarna.
e) Placera en liten skål med dijonsenap på brädan för att doppa eller breda på brödet.
f) Lägg till en skål med cornichons, som är traditionella franska pickles, för att komplettera charkarnas smaker.
g) Strö ut en mängd olika oliver på brädet, fyll eventuella återstående luckor.
h) Placera klasar av färska druvor eller skivade fikon runt brädet, lägg till en touch av sötma.
i) Strö valnötter eller mandel över hela brädan för extra textur och smak.
j) Garnera tavlan med färska örter för en pricken över i:et .
k) Servera den franskinspirerade charkbrädan som förrätt eller mittpunkt vid din sammankomst, så att gästerna kan njuta av den härliga kombinationen av smaker och texturer.

SÅSER, DIPS OCH DRESSINGAR

72. Hot Pepper Jelly

INGREDIENSER:
- 2 koppar (300 g) finhackad paprika, valfri färg eller mix
- ½ kopp (120 ml) äppelcidervinäger
- 1 tsk röd paprikaflingor
- 3 matskedar (36 g) Sure-Jell mindre eller inget socker behövs Premium fruktpektin
- 1 tsk smör
- 1½ koppar (300 g) socker

INSTRUKTIONER:
a) För att förbereda dina burkar och lock, placera dem i en stor kastrull och täck med minst 1 tum (2,5 cm) vatten. Värm dem på spisen på medelvärme och håll dem varma medan du gör geléen. (Alternativt kan du tvätta dem i diskmaskinen precis innan du börjar så att de förblir varma efter den uppvärmda torkcykeln.)
b) I en bred tjockbottnad kastrull på medelhög värme kombinerar du paprika, vinäger och rödpepparflingor. Rör ner pektin och smör. Låt blandningen koka upp (en kraftig koka som inte slutar bubbla vid omrörning), rör hela tiden. Rör ner sockret. Återställ blandningen till en full rullande koka och koka i 1 minut under konstant omrörning. Ta kastrullen från värmen.
c) Töm burkarna och lägg dem på en ren kökshandduk. Häll den varma geléen i de varma burkarna, fyll till inom ½ tum (1 cm) från kanterna. Rör om geléen för att omfördela paprikorna (de har en tendens att flyta) och förslut burkarna med lock. Låt dem komma till rumstemperatur innan de ställs i kylen. Geléen ska stelna över natten eller inom 24 timmar. Geléen kommer att hålla sig kyld i upp till 3 veckor.

73.Hemlagad basilika-valnötspesto

INGREDIENSER:
- 2 koppar (70 g) förpackad färsk basilika
- ½ kopp (50 g) riven parmesanost
- ⅓ kopp (50 g) valnötter
- 3 vitlöksklyftor, skalade
- ½ tsk kosher salt
- ¼ till ⅓ kopp (60 till 80 ml) olivolja
- Pressa färsk citronsaft

INSTRUKTIONER:

a) I en matberedare, kombinera basilika, ost, valnötter, vitlök och salt. Puls för att kombinera, skrapa ner sidorna av skålen med en gummispatel efter behov.

b) Med processorn igång på låg hastighet, tillsätt olivoljan i en långsam, jämn ström tills blandningen blir en slät, tunn, bredbar pasta.

c) Överför peston till en lufttät behållare och rör ner en skvätt citronsaft.

d) Kyl i upp till 1 vecka, eller frys i 6 till 9 månader.

74. Klassisk hummus

INGREDIENSER:
- 1 burk (15 oz) kikärter, avrunna och sköljda
- 1/4 kopp färsk citronsaft (ca 1 stor citron)
- 1/4 kopp välrörd tahini
- 1 liten vitlöksklyfta, finhackad
- 2 matskedar extra virgin olivolja, plus mer för servering
- 1/2 tsk malen spiskummin
- Salt att smaka
- 2 till 3 matskedar vatten
- En skvätt paprika, till servering

INSTRUKTIONER:
a) I en matberedare, kombinera tahini och citronsaft och bearbeta i 1 minut. Skrapa skålens sidor och botten och bearbeta sedan i 30 sekunder till.
b) Tillsätt olivolja, hackad vitlök, spiskummin och en 1/2 tesked salt till den vispade tahinin och citronsaften. Bearbeta i 30 sekunder, skrapa sidorna och botten av skålen och bearbeta sedan ytterligare 30 sekunder eller tills det är väl blandat.
c) Tillsätt hälften av kikärtorna i matberedaren och bearbeta i 1 minut. Skrapa sidorna och botten av skålen, tillsätt resterande kikärter och bearbeta tills de är tjocka och ganska slät, 1 till 2 minuter till.
d) Om hummusen är för tjock eller fortfarande har små bitar av kikärt, med processorn påslagen, tillsätt långsamt 2 till 3 matskedar vatten tills du når den perfekta konsistensen.
e) Smaka av efter salt och justera efter behov. Servera hummus med en klick olivolja och en klick paprika.

75. Avokado Cilantro Lime Dressing

INGREDIENSER:
- 1 mogen avokado
- 1/4 kopp färsk limejuice (ca 2 limefrukter)
- 1/2 kopp färska korianderblad
- 1/4 kopp olivolja
- 1 vitlöksklyfta
- Salta och peppra efter smak
- Vatten för tunt (valfritt)

INSTRUKTIONER:
a) I en mixer eller matberedare, kombinera avokado, limejuice, koriander, olivolja och vitlök. Mixa tills det är slätt.
b) Om dressingen är för tjock, tillsätt vatten 1 matsked i taget tills den når önskad konsistens.
c) Krydda med salt och peppar efter smak. Använd omedelbart eller förvara i kylen i upp till 2 dagar.

76.Tzatziki sås

INGREDIENSER:
- 1 dl grekisk yoghurt
- 1 gurka, finriven och avrunnen
- 2 vitlöksklyftor, hackade
- 2 matskedar extra virgin olivolja
- 1 matsked vit vinäger
- 1 msk färsk dill, hackad (eller 1 tsk torkad dill)
- Salta och peppra efter smak

INSTRUKTIONER:

a) Riv gurkan och krama ur överflödigt vatten med händerna eller med en ostduk.

b) I en medelstor skål, kombinera riven gurka, grekisk yoghurt, vitlök, olivolja, vinäger och dill. Rör om tills det är väl blandat.

c) Krydda med salt och peppar efter smak. Kyl i minst 30 minuter innan servering så att smakerna smälter samman.

77.Rostad Röd Peppar Och Valnötsdopp

INGREDIENSER:
- 1 burk (12 oz) rostad röd paprika, avrunnen
- 1 dl valnötter, rostade
- 1/2 kopp ströbröd
- 2 matskedar olivolja
- 1 msk granatäpplemelass (eller citronsaft som ersättning)
- 1 tsk rökt paprika
- 1/2 tsk spiskummin
- Salt att smaka
- Valfritt: chiliflakes för värme

INSTRUKTIONER:

a) I en matberedare kombinerar du den avrunna rostade röda paprikan, rostade valnötterna, ströbrödet, olivolja, granatäpplemelass, rökt paprika, spiskummin och salt. Bearbeta tills den är slät.

b) Smaka av och justera krydda, tillsätt chiliflakes om du gillar det kryddigt.

c) Lägg över i en serveringsskål och ställ in i kylen i minst 1 timme innan servering så att smakerna kan utvecklas.

78. s'Mores Dip

INGREDIENSER:
- Chokladbitar
- Mini marshmallows
- Graham kex (för doppning)

INSTRUKTIONER:
a) Värm ugnen till 350°F (175°C).
b) Bred ut ett lager chokladchips i en ugnsform.
c) Toppa med ett lager mini marshmallows.
d) Grädda i den förvärmda ugnen i ca 10-12 minuter eller tills marshmallowsna är gyllenbruna och rostade.
e) Servera med grahamsbröd till doppning.

FÖRFRYSKNINGAR & KYLAR

79.Whisky-Spiked Sweet Tea

INGREDIENSER:
- 7 koppar (17 dL) vatten
- 1 kopp (100 g) socker
- 3 svarta iste-påsar i familjestorlek
- 1 kopp (240 g) whisky
- 1 stor citron, tunt skivad

INSTRUKTIONER:

a) Koka upp vattnet i en stor vattenkokare. Ta av vattenkokaren från värmen och tillsätt socker och tepåsar. Låt dra i ca 5 minuter, rör om då och då, tills sockret är upplöst .

b) Ta bort tepåsarna, krama ur vätskan och kassera. Låt svalna och överför sedan det söta teet till en behållare på en halv liter. Rör ner whiskyn och kyl i upp till 3 dagar.

c) Servera det spetsiga söta teet över is och garnera med citronskivor.

80. Mimosa Sangria

INGREDIENSER:
- 3 koppar (700 ml) fruktjuice
- 3 koppar (750 g) färsk frukt (skivad eller tärnad, om det behövs)
- ½ kopp (120 ml) fruktig likör (som Cointreau, Grand Marnier eller Chambord)
- 1 (750 ml) flaska torrt mousserande vin, kylt

INSTRUKTIONER:
a) Kombinera juice, frukt och likör i en stor burk (eller kanna, om den serveras från en) och låt smakerna blandas i minst 1 timme.
b) Om du har plats i kylaren, håll blandningen kyld tills den ska användas.
c) Tillsätt det mousserande vinet i burken (eller kannan) och servera omedelbart.
d) Alternativt kan du fylla individuella glas cirka en tredjedel fulla med juiceblandningen och toppa med mousserande vin.

81.Utomhus Margarita

INGREDIENSER:
- 3 delar limead
- 2 delar silvertequila
- 1 del trippelsek
- Jalapeñopeppar, tunt skivad (valfritt)

INSTRUKTIONER:

a) Kombinera limead, tequila och triple sec i ett glas och toppa med is.

b) Om du gillar din margarita med lite värme, rör ner några skivor jalapeño innan servering.

82.Paloma

INGREDIENSER:
- 1 del silvertequila
- 1 del grapefruktläsk
- Saft av ½ medelstor lime
- Kosher salt

INSTRUKTIONER:
a) Kombinera tequila, grapefruktläsk och limejuice i ett glas.
b) Tillsätt en nypa salt, toppa med is och servera.

83. Födelsedagshake

INGREDIENSER:
- 2 dl vaniljglass
- ½ dl mjölk (justera för önskad tjocklek)
- ¼ kopp regnbågsströssel
- 2 msk kakmixpulver (vanilj eller funfetti smak)
- Vispad grädde till topping
- Ytterligare strössel till garnering

INSTRUKTIONER:
a) I en mixer, kombinera vaniljglass, mjölk, regnbågsströssel och kakmixpulver.
b) Mixa på medelhastighet tills alla ingredienser är väl kombinerade och shaken är slät och krämig.
c) Om shaken är för tjock, tillsätt lite mer mjölk och mixa igen tills önskad konsistens uppnås.
d) Häll upp födelsedagsshaken i serveringsglas.
e) Toppa varje glas med en klick vispgrädde.
f) Garnera med ytterligare strössel ovanpå.
g) Servera genast med ett sugrör och njut av den festliga och söta födelsedagsshaken!

84. Honey Bourbon Lemonad

INGREDIENSER:
- 5 koppar (12 dL) vatten, uppdelat
- 1 kopp (100 g) socker
- 1 kopp (240 ml) färskpressad citronsaft
- 1 kopp (240 ml) honungsbourbon
- 1 stor citron, tunt skivad

INSTRUKTIONER:

a) Blanda 2 koppar (475 ml) av vattnet och sockret i en liten kastrull på medelvärme. Rör om tills sockret lösts upp , ta sedan bort från värmen och låt den enkla sirapen svalna till rumstemperatur.

b) Häll sirap, citronsaft, bourbon och återstående 3 koppar (725 ml) vatten i en halv-liters behållare. Beroende på surheten i dina citroner, justera efter smak och tillsätt mer socker, citronsaft eller vatten efter behov. Kyl i upp till 1 vecka.

c) Servera honungsbourbon-lemonaden över is och garnera med citronskivor.

85. Vinter Candy Cane Martini

INGREDIENSER:

- 1½ uns bärvodka
- 1 oz vit chokladlikör
- 1 oz pepparmyntssnaps
- 1 oz grenadin
- 2 oz tung grädde
- Krossade godisrör (för kantning)
- Godisrör (för garnering)
- Isbitar

INSTRUKTIONER:

a) Börja med att kanta glaset: Ta ett kylt cocktailglas och doppa kanten i vatten eller enkel sirap. Rulla sedan den våta kanten i krossade godisrör tills den är jämnt belagd. Ställ glaset åt sidan.
b) Fyll en cocktailshaker halvvägs med isbitar.
c) Tillsätt bärvodka, vit chokladlikör, pepparmyntssnaps, grenadin och tung grädde till shakern.
d) Skaka blandningen kraftigt i cirka 15-20 sekunder för att kombinera och kyla ingredienserna.
e) Sila cocktailen i det godisrörkantade glaset.
f) Garnera drinken med en godisrör, låt den hänga över glasets kant.
g) Servera Candy Cane Cocktailen omedelbart och njut!

86.Citrus Och Lönn Glögg

INGREDIENSER:
- 2 (750 ml) flaskor rött vin
- ½ kopp (120 ml) lönnsirap
- 1 tsk korianderfrön
- 2 (3-tum/8-cm) kanelstänger
- 12 kryddpepparbär
- 2 stjärnanis
- 1 lagerblad
- 2 medelstora apelsiner, halverade på tvären
- ½ kopp (120 ml) konjak

INSTRUKTIONER:
a) Tillsätt vinet, lönnsirapen och alla kryddorna i en kastrull på medelvärme. Juice apelsinerna i buljongen och tillsätt skalen.
b) Låt koka upp, sänk värmen till låg och låt dra i minst 30 minuter för att låta smakerna utvecklas.
c) Rör ner konjaken före servering och slev upp i muggar, undvik apelsinskal och kryddor.
d) För att få fram ännu djupare smak i dina kryddor, rosta dem i buljongen på medelhög värme innan du tillsätter de andra ingredienserna.

87.Rubinröd Grapefrukt Shandy

INGREDIENSER:
- 1 del ljus lageröl eller veteöl, kyld
- 1 del rubinröd grapefruktjuice, kyld

INSTRUKTIONER:
a) Häll upp ölen i ett glas och toppa sedan med juicen.
b) BLANDA DET
c) Prova en mängd olika fruktjuicer och nektarer för att skapa din egen signaturshandy , som apelsinjuice, granatäpplejuice, mangonektar, päronnektar, äppelcider, lemonad eller den hawaiianska blandningen av POG (passionsfrukt, apelsin, guava).

88.Summer Ale Sangria Med Ingefära Och Persika

INGREDIENSER:
- Handfull färska basilikablad
- 2 medelstora persikor, urkärnade och tunt skivade
- 2 (12 ounce/350 ml) flaskor sommaröl, kyld
- 1 kopp (240 ml) ingefärsöl, kyld
- 1 kopp (240 ml) persikonektar, kyld

INSTRUKTIONER:
a) Blanda basilikan och hälften av persikorna i en kastrull. Tillsätt de återstående persikorna och ale, ingefärsöl och persikonektar och rör om. Servera omedelbart.

b) Om du inte reser långt kan du använda skivade frysta persikor istället för färska persikor för att hålla sangria kallare längre.

89.Vanilj Och Bourbon Glögg Cider

INGREDIENSER:

- 1 liter (1 L) äppelcider
- 2 (3-tum/8-cm) kanelstänger
- 4 kardemummakapslar, blåslagna med sidan av en kniv
- 4 kryddnejlika
- ¼ tesked korianderfrön
- ½ vaniljstång, delad
- ½ kopp (120 ml) bourbon

INSTRUKTIONER:

a) Tillsätt cidern och alla kryddorna i en liten kastrull på medelvärme.
b) Låt koka upp, sänk värmen till låg och låt dra i minst 30 minuter för att låta smakerna utvecklas.
c) Rör ner bourbonen innan servering och häll upp i muggar, undvik kryddorna.

90. Margarita

INGREDIENSER:
- Tequila
- limejuice
- trippel sek
- salt eller socker för rimning
- limeklyfta till garnering

INSTRUKTIONER:
a) Rimla ett glas med salt eller socker.
b) Skaka tequila, limejuice och triple sec med is i en cocktailshaker.
c) Sila ner i glaset över is och garnera med en limeklyfta.

91.Mojito

INGREDIENSER:
- Vit rom
- färska myntablad
- limejuice
- enkel sirap
- kolsyrat vatten
- limeklyfta och/eller myntakvist till garnering

INSTRUKTIONER:
a) Blanda myntablad, limejuice och enkel sirap i ett glas.
b) Tillsätt rom och is och toppa med sodavatten.
c) Rör om försiktigt och garnera med en limeklyfta och/eller myntakvist.

92.Kosmopolitisk

INGREDIENSER:
- Vodka
- tranbärsjuice
- limejuice
- trippel sek
- lime twist eller tranbär till garnering

INSTRUKTIONER:
a) Skaka vodka, tranbärsjuice, limejuice och triple sec med is i en cocktailshaker.
b) Sila av i ett kylt martiniglas och garnera med en lime twist eller tranbär.

93. Negroni

INGREDIENSER:
- Gin
- Campari
- söt vermouth
- apelsin twist till garnering

INSTRUKTIONER:
a) Rör om gin, Campari och söt vermouth med is i ett blandningsglas.
b) Sila ner i ett stenglas fyllt med is och garnera med en apelsin twist.

94. Moscow Mule

INGREDIENSER:
- Vodka
- ingefära öl
- limejuice
- limeklyfta till garnering

INSTRUKTIONER:
a) Pressa limejuice i en kopparmugg eller ett glas fyllt med is.
b) Tillsätt vodka och ingefärsöl och rör om försiktigt.
c) Garnera med en limeklyfta.

95.Franska 75

INGREDIENSER:
- Gin
- citron juice
- enkel sirap
- Champagne
- citrontwist till garnering

INSTRUKTIONER:
a) Skaka gin, citronsaft och enkel sirap med is i en cocktailshaker.
b) Sila av i en champagneflute, toppa med champagne och garnera med en citrontwist.

96.Espresso Martini

INGREDIENSER:
- Vodka
- kaffelikör
- Espresso
- enkel sirap
- kaffebönor till garnering

INSTRUKTIONER:
a) Skaka vodka, kaffelikör, espresso och enkel sirap med is i en cocktailshaker.
b) Sila upp i ett martiniglas och garnera med kaffebönor.

97.Blå Martini

INGREDIENSER:
- 2 oz vodka
- 1 oz blå curaçao
- ½ oz färskpressad citronsaft
- Isbitar
- Citrontwist eller blåbär (för garnering)

INSTRUKTIONER:
a) Fyll en cocktailshaker halvvägs med isbitar.
b) Tillsätt vodka, blå curaçao och färskpressad citronsaft i shakern.
c) Skaka blandningen kraftigt i cirka 15-20 sekunder för att kyla ingredienserna.
d) Sila av cocktailen i ett kylt martiniglas.
e) Garnera Blue Martini med en citrontwist eller några blåbär på en cocktailplocka.
f) Servera Blue Martini direkt och njut!

98.Frukt Smoothies

INGREDIENSER:
- Blandade frukter (t.ex. bananer, bär, mango)
- Yoghurt eller mjölk
- Honung eller sötningsmedel (valfritt)
- Isbitar

INSTRUKTIONER:
a) Tvätta och skär frukterna i små bitar.
b) Lägg frukterna i en mixer.
c) Tillsätt yoghurt eller mjölk, honung eller sötningsmedel (om så önskas) och en handfull isbitar.
d) Mixa tills det är slätt och krämigt.
e) Häll upp i glas och servera genast.

99.Virgin Piña Colada

INGREDIENSER:
- 2 oz ananasjuice
- 2 oz kokosgrädde
- 1 kopp krossad is
- Ananasskiva och maraschinokörsbär till garnering

INSTRUKTIONER:
a) Tillsätt ananasjuice, kokosgrädde och krossad is i en mixer.
b) Mixa tills det är slätt.
c) Häll upp i ett glas och garnera med en ananasskiva och maraschinokörsbär.

100. Fruktinfunderat vatten

INGREDIENSER:
- Diverse frukter (som skivade citroner, limefrukter, apelsiner, bär eller gurkor)
- Vatten
- Isbitar

INSTRUKTIONER:
a) I en kanna eller stor burk, lägg till ditt val av frukt.
b) Fyll behållaren med vatten.
c) Tillsätt isbitar.
d) Rör om försiktigt för att kombinera.
e) Låt vattnet sitta i cirka 30 minuter för att ingjuta smakerna.
f) Servera kyld som en uppfriskande och återfuktande drink till ditt poolparty.

SLUTSATS

När vi avslutar vår resa genom magin med enkla utomhusfester, hoppas jag att du känner dig inspirerad att omfamna glädjen med uteservering och skapa minnesvärda stunder med nära och kära. "MAGI MED ENKLA UTOMHUSFEST" har skapats med tron att mat har kraften att föra människor samman och lyfta det vanliga till det extraordinära.

När du fortsätter att utforska skönheten med uteservering, kom ihåg att essensen av matlagning utomhus inte bara ligger i matens smaker utan också i de kopplingar som skapas och minnen som delas runt bordet. Oavsett om du samlas för en festlig grillfest, njuter av en avkopplande picknick eller bara uppskattar naturens skönhet över en avslappnad måltid, kan varje tugga avnjutas och varje ögonblick omhuldas.

Tack för att du följde med mig på detta kulinariska äventyr. Må dina utomhusfester fyllas med skratt, kärlek och magin med enkla nöjen. Tills vi ses igen, glad matlagning och god aptit!

www.ingramcontent.com/pod-product-compliance
Lightning Source LLC
Chambersburg PA
CBHW050020130526
44590CB00042B/1128